MAGASIN THÉATRAL.

CHEFS-D'OEUVRE
DU
THÉATRE - FRANÇAIS.

LE MALADE IMAGINAIRE,

Comédie en trois actes, en prose.

40 CENT.

PARIS,
Chez **MARCHANT**, éditeur du Magasin théatral, boulevard Saint-Martin, 12.

1844

ACTE I, SCÈNE VII.

LE MALADE IMAGINAIRE,

COMÉDIE EN TROIS ACTES, EN PROSE.

Par Molière.

REPRÉSENTÉE POUR LA PREMIÈRE FOIS, A PARIS, PAR LES COMÉDIENS ORDINAIRES DU ROI, EN 1673.

PERSONNAGES.

ARGAN, malade imaginaire.
BÉLINE, seconde femme d'Argan.
ANGÉLIQUE, fille d'Argan.
LOUISON, petite fille, sœur d'Angélique.
BÉRALDE, frère d'Argan.
CLÉANTE, amant d'Angélique.

PERSONNAGES.

MONSIEUR DIAFOIRUS, médecin.
THOMAS DIAFOIRUS, fils de monsieur Diafoirus.
MONSIEUR PURGON, médecin.
MONSIEUR FLEURANT, apothicaire.
MONSIEUR DE BONNEFOI, notaire.
TOINETTE, servante d'Argan.

La scène est à Paris.

ACTE PREMIER.

Le théâtre représente la chambre d'Argan.

SCÈNE PREMIÈRE.

ARGAN, *assis, ayant une table devant lui, comptant avec des jetons les parties de son apothicaire.*

Trois et deux font cinq, et cinq font dix, et dix font vingt. Trois et deux font cinq. « Plus, du vingt-quatrième, un petit clystère insinuatif, pré- paratif et rémollient, pour amollir, humecter et rafraîchir les entrailles de monsieur. » Ce qui me plaît de monsieur Fleurant, mon apothicaire, c'est que ses parties sont toujours fort civiles. « Les entrailles de monsieur, trente sols. » Oui, mais, monsieur Fleurant, ce n'est pas tout que d'être civil, il faut être aussi raisonnable et ne pas écorcher les malades. Trente sols un lavement! Je suis votre serviteur; je vous l'ai déjà dit; vous ne me les avez mis dans les autres parties qu'à vingt sols; et vingt sols, en langage d'apothicaire, c'est-à-dire dix sols; les voilà, dix sols. « Plus, dudit jour, un bon clystère détersif, composé avec catholicon double, rhubarbe, miel rosat et autres, suivant l'ordonnance, pour balayer, laver, nettoyer le bas ventre de monsieur, trente sols; » avec votre permission, dix sols. « Plus, dudit jour, le soir, un julep hépatique, soporatif et somnifère, composé pour faire dormir monsieur, trente-cinq sols; » je ne me plains pas de celui-là, car il me fit bien dormir. Dix, quinze, seize et dix-sept sols six deniers. « Plus, du vingt-cinquième, une bonne médecine purgative et corroborative, composée de casse récente, avec séné lévantin, et autres, suivant l'ordonnance de monsieur Purgon, pour expulser et évacuer la bile de monsieur, quatre livres. » Ah! monsieur Fleurant, c'est se moquer; il faut vivre avec les malades. Monsieur Purgon ne vous a pas ordonné de mettre quatre francs. Mettez, mettez trois livres, s'il vous plaît. Vingt et trente sols. « Plus, dudit jour, une potion anodine et astringente, pour faire reposer monsieur, trente sols. » Bon, dix et quinze sols. « Plus, du vingt-sixième, un clystère carminatif pour chasser les vents de monsieur, trente sols. » Dix sols, monsieur Fleurant. « Plus, le clystère de monsieur, réitéré le soir, comme dessus, trente sols. » Monsieur Fleurant, dix sols. « Plus, du vingt-septième, une bonne médecine, composée pour hâter d'aller, et chasser dehors les mauvaises humeurs de monsieur, trois livres. » Bon, vingt et trente sols; je suis bien aise que vous soyez raisonnable. « Plus, du vingt-huitième, une prise de petit-lait clarifié et dulcoré, pour adoucir, lénifier, tempérer et rafraîchir le sang de monsieur, vingt sols. » Bon, dix sols. « Plus, une potion cordiale et préservative, composée avec douze grains de bézoard, sirops de limon et grenade, et autres, suivant l'ordonnance, cinq livres. » Ah! monsieur Fleurant, tout doux, s'il vous plaît; si vous en usez comme cela, on ne voudra plus être malade; contentez-vous de quatre francs, vingt et quarante sols. Trois et deux font cinq, et cinq font dix, et dix font vingt. Soixante et trois livres quatre sols six deniers. Si bien donc que, dans ce mois, j'ai pris une, deux, trois, quatre, cinq, six, sept et huit médecines; et un, deux, trois, quatre, cinq, six, sept, huit, neuf, dix, onze et douze lavements; et l'autre mois, il y avait douze médecines, et vingt lavements. Je ne m'étonne pas si je ne me porte pas si bien ce mois-ci que l'autre. Je le dirai à monsieur Purgon afin qu'il mette ordre à cela. Allons, qu'on m'ôte tout ceci. (*Voyant que personne ne vient, et qu'il n'y a aucun de ses gens dans sa chambre.*) Il n'y a personne? J'ai beau dire, on me laisse toujours seul; il n'y a pas moyen de les arrêter ici. (*Après avoir sonné une sonnette qui est sur la table.*) Ils ne m'entendent pas, et ma sonnette ne fait pas assez de bruit. (*Après avoir sonné pour la deuxième fois.*) Point d'affaire. (*Après avoir sonné encore.*) Ils sont sourds. Toinette! (*Après avoir fait le plus de bruit qu'il peut avec sa sonnette.*) Tout comme si je ne sonnais point. Chienne, coquine. (*Voyant qu'il sonne encore inutilement.*) J'enrage. Drelin, drelin, drelin. Carogne, à tous les diables. Est-il possible qu'on laisse comme cela un pauvre malade tout seul? Drelin, drelin, drelin. Voilà qui est pitoyable! Drelin, drelin, drelin. Ah! mon Dieu! ils me laisseront ici mourir. Drelin, drelin, drelin.

SCÈNE II.

ARGAN, TOINETTE.

TOINETTE, *en entrant.*

On y va.

ARGAN.

Ah! chienne. Ah! carogne...

TOINETTE, *faisant semblant de s'être cogné la tête.*

Diantre soit de votre impatience! Vous pressez si fort les personnes, que je me suis donné un grand coup à la tête contre la corne d'un volet.

ARGAN, *en colère.*

Ah! traîtresse...

TOINETTE, *interrompant Argan.*

Ah!

ARGAN.

Il y a...

TOINETTE.

Ah!

ARGAN.

Il y a une heure.

TOINETTE.

Ah!

ARGAN.

Tu m'as laissé...

TOINETTE.

Ah!

ARGAN.

Tais-toi donc, coquine, que je te querelle.

TOINETTE.

Çamon, ma foi, j'en suis d'avis, après ce que je me suis fait.

ARGAN.

Tu m'as fait égosiller, carogne.

TOINETTE.

Et vous m'avez fait, vous, casser la tête; l'un vaut bien l'autre. Quitte à quitte, si vous voulez.

ARGAN.

Quoi! coquine...

TOINETTE.

Si vous querellez, je pleurerai.

ARGAN.

Me laisser, traîtresse!

TOINETTE, *interrompant encore Argan.*

Ah!

ARGAN.

Chienne, tu veux...

TOINETTE.

Ah!

ARGAN.

Quoi! il faudra encore que je n'aie pas le plaisir de la quereller!

TOINETTE.
Querellez tout votre soûl, je le veux bien.
ARGAN.
Tu m'en empêches, chienne, en m'interrompant à tous coups.
TOINETTE.
Si vous avez le plaisir de quereller, il faut bien que de mon côté j'aie le plaisir de pleurer; chacun le sien, ce n'est pas trop. Ah!
ARGAN.
Allons, il en faut passer par là. Ote-moi ceci, caquine, ôte-moi ceci. (*Après s'être levé.*) Mon lavement d'aujourd'hui a-t-il bien opéré?
TOINETTE.
Votre lavement?
ARGAN.
Oui, ai-je bien fait de la bile?
TOINETTE.
Ma foi, je ne me mêle point de ces affaires-là ; c'est à monsieur Fleurant à y mettre le nez, puisqu'il en a le profit.
ARGAN.
Qu'on ait soin de me tenir un bouillon prêt pour l'autre, que je dois tantôt prendre.
TOINETTE.
Ce monsieur Fleurant-là, et ce monsieur Purgon s'égayent bien sur votre corps; ils ont en vous une bonne vache à lait; et je voudrais bien leur demander quel mal vous avez pour faire tant de remèdes.
ARGAN.
Taisez-vous, ignorante; ce n'est pas à vous à contrôler les ordonnances de la médecine. Qu'on me fasse venir ma fille Angélique, j'ai à lui dire quelque chose.
TOINETTE.
La voici qui vient d'elle-même; elle a deviné votre pensée.

SCÈNE III.
ARGAN, ANGÉLIQUE, TOINETTE.

ARGAN.
Approchez, Angélique; vous venez à propos; je voulais vous parler.
ANGÉLIQUE.
Me voilà prête à vous ouïr.
ARGAN.
Attendez (*A Toinette*). Donnez-moi mon bâton, je vais revenir tout à l'heure.
TOINETTE.
Allez vite, monsieur, allez; monsieur Fleurant nous donne des affaires.

SCÈNE IV.
ANGÉLIQUE, TOINETTE.

ANGÉLIQUE.
Toinette.
TOINETTE.
Quoi?
ANGÉLIQUE.
Regarde-moi un peu.
TOINETTE.
Eh bien! je vous regarde.
ANGÉLIQUE.
Toinette.
TOINETTE.
Eh bien! quoi? Toinette.
ANGÉLIQUE.
Ne devines-tu point de quoi je veux parler?
TOINETTE.
Je m'en doute assez : de notre jeune amant? car c'est sur lui depuis six jours que roulent tous nos entretiens ; et vous n'êtes point bien si vous n'en parlez à toute heure.
ANGÉLIQUE.
Puisque tu connais cela, que n'es-tu donc la première à m'en entretenir? et que ne m'épargnes-tu la peine de te jeter sur ce discours!
TOINETTE.
Vous ne m'en donnez pas le temps ; et vous avez des soins là-dessus qu'il est difficile de prévenir.
ANGÉLIQUE.
Je t'avoue que je ne saurais me lasser de te parler de lui; et que mon cœur profite avec chaleur de tous les moments de s'ouvrir à toi. Mais, dis-moi, condamnes-tu, Toinette, les sentiments que j'ai pour lui?
TOINETTE.
Je n'ai garde.
ANGÉLIQUE.
Ai-je tort de m'abandonner à ces douces impressions?
TOINETTE.
Je ne dis pas cela.
ANGÉLIQUE.
Et voudrais-tu que je fusse insensible aux tendres protestations de cette passion ardente qu'il témoigne pour moi?
TOINETTE.
A Dieu ne plaise.
ANGÉLIQUE.
Dis-moi un peu, ne trouves-tu pas comme moi quelque chose du ciel, quelque effet du destin, dans l'aventure inopinée de notre connaissance?
TOINETTE.
Oui.
ANGÉLIQUE.
Ne trouves-tu pas que cette action d'embrasser ma défense sans me connaître est tout à fait d'un honnête homme?
TOINETTE.
Oui.
ANGÉLIQUE.
Que l'on ne peut pas en user plus généreusement?
TOINETTE.
D'accord.
ANGÉLIQUE.
Et qu'il fit tout cela de la meilleure grâce du monde?

TOINETTE.

Oh! oui.

ANGÉLIQUE.

Ne trouves-tu pas, Toinette, qu'il est bien fait de sa personne?

TOINETTE.

Assurément.

ANGÉLIQUE.

Qu'il a le meilleur air du monde?

TOINETTE.

Sans doute.

ANGÉLIQUE.

Que ses discours, comme ses actions, ont quelque chose de noble?

TOINETTE.

Cela est sûr.

ANGÉLIQUE.

Qu'on ne peut rien entendre de plus passionné que tout ce qu'il me dit?

TOINETTE.

Il est vrai.

ANGÉLIQUE.

Et qu'il n'est rien de plus fâcheux que la contrainte où l'on me tient, qui bouche tout commerce aux doux empressements de cette mutuelle ardeur que le ciel nous inspire?

TOINETTE.

Vous avez raison.

ANGÉLIQUE.

Mais, ma pauvre Toinette, crois-tu qu'il m'aime autant qu'il me le dit?

TOINETTE.

Hé! hé! ces choses-là parfois sont un peu sujettes à caution. Les grimaces d'amour ressemblent fort à la vérité; et j'ai vu de grands comédiens là-dessus.

ANGÉLIQUE.

Ah! Toinette, que dis-tu là? Hélas! de la façon qu'il parle, serait-il bien possible qu'il ne me dît pas vrai?

TOINETTE.

En tout cas, vous en serez bientôt éclaircie; et la résolution où il vous écrivit hier qu'il était de vous faire demander en mariage, est une prompte voie à vous faire connaître s'il vous dit vrai ou non. C'en sera la bonne preuve.

ANGÉLIQUE.

Ah! Toinette, si celui-là me trompe, je ne croirai de ma vie aucun homme.

TOINETTE.

Voilà votre père qui revient.

SCÈNE V.

ARGAN, ANGÉLIQUE, TOINETTE.

ARGAN.

Or çà, ma fille, je vais vous dire une nouvelle, où peut-être ne vous attendez-vous pas. On vous demande en mariage. Qu'est-ce que cela? Vous riez! Cela est plaisant; oui, ce mot de mariage: il n'est rien de plus drôle pour les jeunes filles. Ah! nature, nature! A ce que je puis voir, ma fille, je n'ai que faire de vous demander si vous voulez bien vous marier.

ANGÉLIQUE.

Je dois faire, mon père, tout ce qu'il vous plaira de m'ordonner.

ARGAN.

Je suis bien aise d'avoir une fille si obéissante; la chose est donc conclue, et je vous ai promise.

ANGÉLIQUE.

C'est à moi, mon père, de suivre aveuglément toutes vos volontés.

ARGAN.

Ma femme, votre belle-mère, avait envie que je vous fisse religieuse, et votre petite sœur Louison aussi; et de tout temps elle a été aheurté à cela.

TOINETTE, à part.

La bonne bête a ses raisons.

ARGAN.

Elle ne voulait point consentir à ce mariage; mais je l'ai emporté, et ma parole est donnée.

ANGÉLIQUE.

Ah! mon père, que je vous obligée de toutes vos bontés!

TOINETTE, à Argan.

En vérité, je vous sais bon gré de cela; et voilà l'action la plus sage que vous ayez faite de votre vie.

ARGAN.

Je n'ai point encore vu la personne; mais on m'a dit que j'en serais content et toi aussi.

ANGÉLIQUE.

Assurément, mon père.

ARGAN.

Comment! l'as-tu vu?

ANGÉLIQUE.

Puisque votre consentement m'autorise à vous pouvoir ouvrir mon cœur, je ne feindrai point de vous dire que le hasard nous a fait connaître, il y a six jours; et que la demande qu'on vous a été faite est un effet de l'inclination que, dès cette première vue, nous avons prise l'un pour l'autre.

ARGAN.

Ils ne m'ont pas dit cela; mais j'en suis bien aise, et c'est tant mieux que les choses soient de la sorte. Ils disent que c'est un grand jeune garçon, bien fait.

ANGÉLIQUE.

Oui, mon père.

ARGAN.

De belle taille.

ANGÉLIQUE.

Sans doute.

ARGAN.

Agréable de sa personne.

ANGÉLIQUE.

Assurément.

ARGAN.

De bonne physionomie.

ANGÉLIQUE.

Très-bonne.

ARGAN.
Sage et bien né.
ANGÉLIQUE.
Tout à fait.
ARGAN.
Fort honnête.
ANGÉLIQUE.
Le plus honnête du monde.
ARGAN.
Qui parle bien latin et grec.
ANGÉLIQUE.
C'est ce que je ne sais pas.
ARGAN.
Et qui sera reçu médecin dans trois jours.
ANGÉLIQUE.
Lui, mon père?
ARGAN.
Oui; est-ce qu'il ne te l'a pas dit?...
ANGÉLIQUE.
Non vraiment. Qui vous l'a dit à vous?
ARGAN.
Monsieur Purgon.
ANGÉLIQUE.
Est-ce que monsieur Purgon le connaît?
ARGAN.
La belle demande! Il faut bien qu'il le connaisse, puisque c'est son neveu.
ANGÉLIQUE.
Cléante, neveu de monsieur Purgon!
ARGAN.
Quel Cléante? Nous parlons de celui pour qui l'on t'a demandée en mariage.
ANGÉLIQUE.
Eh! oui.
ARGAN.
Eh bien, c'est le neveu de monsieur Purgon, qui est le fils de son beau-frère le médecin, monsieur Diafoirus; et ce fils s'appelle Thomas Diafoirus et non pas Cléante; et nous avons conclu ce mariage-là ce matin, monsieur Purgon, monsieur Fleurant et moi, et demain ce gendre prétendu me doit être amené par son père. Qu'est-ce? Vous voilà toute ébaubie?
ANGÉLIQUE.
C'est, mon père, que je connais que vous avez parlé d'une personne et que j'ai entendu une autre.
TOINETTE.
Quoi! monsieur, vous auriez fait ce dessein burlesque! et, avec tout le bien que vous avez, vous voudriez marier votre fille avec un médecin?
ARGAN.
Oui. De quoi te mêles-tu, coquine, impudente que tu es!
TOINETTE.
Mon Dieu! tout doux; vous allez d'abord aux invectives; est-ce que nous ne pouvons pas raisonner ensemble sans nous emporter? Là, parlons de sang-froid! Quelle est votre raison, s'il vous plaît, pour un tel mariage?
ARGAN.
Ma raison est que, me voyant infirme et malade comme je suis, je veux me faire un gendre et des alliés médecins, afin de m'appuyer de bons secours contre ma maladie, d'avoir dans ma famille les sources des remèdes qui me sont nécessaires, et d'être à même des consultations et des ordonnances.
TOINETTE.
Eh bien! voilà dire une raison, et il y a plaisir à se répondre doucement les uns aux autres; mais, monsieur, mettez la main à la conscience; est-ce que vous êtes malade?
ARGAN.
Comment, coquine, si je suis malade? Si je suis malade, impudente?
TOINETTE.
Eh bien, oui, monsieur, vous êtes malade, n'ayons point de querelle là-dessus; oui, vous êtes fort malade, j'en demeure d'accord, et plus malade que vous ne pensez; voilà qui est fait. Mais votre fille doit épouser un mari pour elle; et n'étant point malade, il n'est pas nécessaire de lui donner un médecin.
ARGAN.
C'est pour moi que je lui donne ce médecin, et une fille de bon naturel doit être ravie d'épouser ce qui est utile à la santé de son père.
TOINETTE.
Ma foi, monsieur, voulez-vous qu'en amie je vous donne un conseil?
ARGAN.
Quel est-il ce conseil?
TOINETTE.
De ne point songer à ce mariage-là.
ARGAN.
Et la raison?
TOINETTE.
C'est que votre fille n'y consentira point.
ARGAN.
Elle n'y consentira point?
TOINETTE.
Non.
ARGAN.
Ma fille?
TOINETTE.
Votre fille; elle vous dira qu'elle n'a que faire de monsieur Diafoirus, ni de son fils Thomas Diafoirus, ni de tous les Diafoirus du monde.
ARGAN.
J'en ai affaire, moi; outre que le parti est plus avantageux qu'on ne pense, monsieur Diafoirus n'a que ce fils-là pour tout héritier; et, de plus, monsieur Purgon, qui n'a ni femme ni enfants, lui donne tout son bien en faveur de ce mariage, et monsieur Purgon est un homme qui a huit mille bonnes livres de rente.
TOINETTE.
Il faut qu'il ait tué bien des gens pour s'être fait si riche.
ARGAN.
Huit mille livres de rente sont quelque chose, sans compter le bien du père.
TOINETTE.
Monsieur, tout cela est bel et bon; mais j'en re-

viens toujours-là. Je vous conseille, entre nous, de lui choisir un autre mari, et elle n'est point faite pour être madame Diafoirus.

ARGAN.

Et je veux, moi, que cela soit.

TOINETTE.

Eh, li! ne dites pas cela.

ARGAN.

Comment! que je ne dise pas cela?

TOINETTE.

Eh! non.

ARGAN.

Et pourquoi ne le dirais-je pas?

TOINETTE.

On dira que vous ne songez pas à ce que vous dites.

ARGAN.

On dira ce qu'on voudra: mais je vous dis que je veux qu'elle exécute la parole que j'ai donnée.

TOINETTE.

Non, je suis sûre qu'elle ne le fera pas.

ARGAN.

Je l'y forcerai bien.

TOINETTE.

Elle ne le fera pas, vous dis-je.

ARGAN.

Elle le fera, ou je la mettrai dans un couvent.

TOINETTE.

Vous?

ARGAN.

Moi!

TOINETTE.

Bon!

ARGAN.

Comment bon?

TOINETTE.

Vous ne la mettrez point dans un couvent.

ARGAN.

Je ne la mettrai point dans un couvent?

TOINETTE.

Non.

ARGAN.

Non?

TOINETTE.

Non.

ARGAN.

Ouais! voici qui est plaisant. Je ne mettrai pas ma fille dans un couvent, si je veux?

TOINETTE.

Non, vous dis-je.

ARGAN.

Qui m'en empêchera?

TOINETTE.

Vous-même.

ARGAN.

Moi?

TOINETTE.

Oui. Vous n'aurez pas ce cœur-là.

ARGAN.

Je l'aurai.

TOINETTE.

Vous vous moquez.

ARGAN.

Je ne me moque point.

TOINETTE.

La tendresse paternelle vous prendra.

ARGAN.

Elle ne me prendra point.

TOINETTE.

Une petite larme ou deux, des bras jetés au cou, un petit mon papa mignon, prononcé tendrement, sera assez pour vous toucher.

ARGAN.

Tout cela ne fera rien.

TOINETTE.

Oui, oui.

ARGAN.

Je vous dis que je n'en démordrai point.

TOINETTE.

Bagatelles.

ARGAN.

Il ne faut point dire bagatelles.

TOINETTE.

Mon Dieu! je vous connais, vous êtes bon naturellement.

ARGAN, *avec emportement.*

Je ne suis point bon, et je suis méchant quand je veux.

TOINETTE.

Doucement, monsieur. Vous ne songez pas que vous êtes malade.

ARGAN.

Je lui commande absolument de se préparer à prendre le mari que je dis.

TOINETTE.

Et moi, je lui défends absolument d'en faire rien.

ARGAN.

Où est-ce donc que nous sommes? Et quelle audace est-ce là, à une coquine de servante, de parler de la sorte devant son maître?

TOINETTE.

Quand un maître ne songe pas à ce qu'il fait, une servante bien sensée est en droit de le redresser.

ARGAN, *courant après Toinette.*

Ah! insolente, il faut que je t'assomme.

TOINETTE, *évitant Argan, et mettant la chaise entre elle et lui.*

Il est de mon devoir de m'opposer aux choses qui vous peuvent déshonorer.

ARGAN, *courant après Toinette, autour de la chaise, avec son bâton.*

Viens, viens, que je t'apprenne à parler.

TOINETTE, *se sauvant du côté où n'est pas Argan.*

Je m'intéresse, comme je dois, à ne vous point laisser faire de folie.

ARGAN, *de même.*

Chienne!

TOINETTE, *de même.*

Non, je ne consentirai jamais à ce mariage.

ARGAN, *de même.*

Pendarde!

TOINETTE, *de même*.
Je ne veux point qu'elle épouse votre Thomas Diafoirus.

ARGAN, *de même*.
Carogne!

TOINETTE, *de même*.
Et elle m'obéira plutôt qu'à vous.

ARGAN, *s'arrêtant*.
Angélique, tu ne veux pas m'arrêter cette coquine-là?

ANGÉLIQUE.
Eh! mon père, ne vous faites point malade.

ARGAN, *à Angélique*.
Si tu ne me l'arrêtes je te donnerai ma malédiction.

TOINETTE, *en s'en allant*.
Et moi, je la déshériterai si elle vous obéit.

ARGAN, *se jetant dans sa chaise*.
Ah! ah! je n'en puis plus. Voilà pour me faire mourir.

SCÈNE VI.

BELINE, ARGAN.

ARGAN.
Ah! ma femme, approchez.

BELINE.
Qu'avez-vous, mon pauvre mari?

ARGAN.
Venez-vous-en ici à mon secours.

BELINE.
Qu'est-ce que c'est donc qu'il y a, mon petit fils?

ARGAN.
Mamie.

BELINE.
Mon ami.

ARGAN.
On vient de me mettre en colère.

BELINE.
Hélas! pauvre petit mari! Comment donc, mon ami?

ARGAN.
Votre coquine de Toinette est devenue plus insolente que jamais.

BELINE.
Ne vous passionnez donc point.

ARGAN.
Elle m'a fait enrager, mamie.

BELINE.
Doucement, mon fils.

ARGAN.
Elle a contrecarré, une heure durant, les choses que je veux faire.

BELINE.
Là, là, tout doux.

ARGAN.
Et a eu l'effronterie de me dire que je ne suis point malade.

BELINE.
C'est une impertinente.

ARGAN.
Vous savez, mon cœur, ce qui en est.

BELINE.
Oui, mon cœur, elle a tort.

ARGAN.
Mamour, cette coquine-là me fera mourir.

BELINE.
Hé là, hé là.

ARGAN.
Elle est cause de toute la bile que je fais.

BELINE.
Ne vous fâchez point tant.

ARGAN.
Et il n'y a je ne sais combien que je vous dis de me la chasser.

BELINE.
Mon Dieu! mon fils, il n'y a point de serviteurs et de servantes qui n'aient leurs défauts. On est contraint parfois de souffrir leurs mauvaises qualités à cause des bonnes. Celle-ci est adroite, soigneuse, diligente et surtout fidèle; et vous savez qu'il faut maintenant de grandes précautions pour les gens que l'on prend. Holà! Toinette!

SCÈNE VII.

ARGAN, BELINE, TOINETTE.

TOINETTE.
Madame.

BELINE.
Pourquoi donc est-ce que vous mettez mon mari en colère?

TOINETTE, *d'un ton doucereux*.
Moi, madame? Hélas! je ne sais pas ce que vous me voulez dire; et je ne songe qu'à complaire à monsieur en toutes choses.

ARGAN.
Ah! la traîtresse!

TOINETTE.
Il nous a dit qu'il voulait donner sa fille en mariage au fils de monsieur Diafoirus; je lui ai répondu que je trouvais le parti avantageux pour elle, mais que je croyais qu'il serait mieux de la mettre dans un couvent.

BELINE.
Il n'y a pas si grand mal à cela, et je trouve qu'elle a raison.

ARGAN.
Ah! mamour, vous la croyez. C'est une scélérate; elle m'a dit cent insolences.

BELINE.
Eh bien, je vous crois, mon ami. Là, remettez-vous. Écoutez, Toinette, si vous fâchez jamais mon mari, je vous mettrai dehors. Ça, donnez-moi son manteau fourré et des oreillers, que je l'accommode dans sa chaise. Vous voilà je ne sais comment. Enfoncez bien votre bonnet jusque sur vos oreilles; il n'y a rien qui enrhume tant que de prendre l'air par les oreilles.

ARGAN.

Ah! mamie, que je vous suis obligé de tous les soins que vous prenez de moi!

BÉLINE, *accommodant les oreillers qu'elle met autour d'Argan.*

Levez-vous, que je mette ceci sous vous. Mettons celui-ci pour vous appuyer, et celui-là de l'autre côté. Mettons celui-ci derrière votre dos, et cet autre là pour soutenir votre tête.

TOINETTE, *lui mettant rudement un oreiller sur la tête.*

Et celui-ci pour vous garder du serein.

ARGAN, *se levant en colère, et jetant les oreillers à Toinette, qui s'enfuit.*

Ah! coquine, tu veux m'étouffer.

SCÈNE VIII.

ARGAN, BÉLINE.

BÉLINE.

Hé là, hé là. Qu'est-ce que c'est donc?

ARGAN, *se jetant dans sa chaise.*

Ah, ah, ah! Je n'en puis plus.

BÉLINE.

Pourquoi vous emporter ainsi? Elle a cru faire bien.

ARGAN.

Vous ne connaissez pas, mamour, la malice de la pendarde. Ah! elle m'a mis tout hors de moi; et il faudra plus de huit médecines et de douze lavements pour réparer tout ceci.

BÉLINE.

Là, là, mon petit ami, apaisez-vous un peu.

ARGAN.

Mamie, vous êtes toute ma consolation.

BÉLINE.

Pauvre petit fils.

ARGAN.

Pour tâcher de reconnaître l'amour que vous me portez, je veux, mon cœur, comme je vous ai dit, faire mon testament.

BÉLINE.

Ah! mon ami, ne parlons point de cela, je vous prie; je ne saurais souffrir cette pensée, et le seul mot de testament me fait tressaillir de douleur.

ARGAN.

Je vous avais dit de parler pour cela à votre notaire.

BÉLINE.

Le voilà là dedans; je l'ai amené avec moi.

ARGAN.

Faites-le donc entrer, mamour.

BÉLINE.

Hélas! mon ami, quand on aime bien un mari, on n'est guère en état de songer à tout cela.

SCÈNE IX.

M. DE BONNEFOI, BÉLINE, ARGAN.

ARGAN.

Approchez, monsieur de Bonnefoi, approchez. Prenez un siége, s'il vous plaît. Ma femme m'a dit, monsieur, que vous étiez fort honnête homme et tout à fait de ses amis, et je l'ai chargée de vous parler pour un testament que je veux faire.

BÉLINE.

Hélas! je ne suis point capable de parler de ces choses-là.

M. DE BONNEFOI.

Elle m'a, monsieur, expliqué vos intentions et le dessein où vous êtes pour elle; et j'ai à vous dire là-dessus que vous ne sauriez rien donner à votre femme par votre testament.

ARGAN.

Mais pourquoi?

M. DE BONNEFOI.

La coutume y résiste. Si vous étiez en pays de droit écrit, cela se pourrait faire; mais à Paris et dans les pays coutumiers; au moins dans la plupart, c'est ce qui ne se peut, et la disposition serait nulle. Tout l'avantage qu'homme et femme, conjoints par mariage, se peuvent faire l'un à l'autre, c'est un don mutuel entre vifs, encore faut-il qu'il n'y ait enfants, soit des deux conjoints ou de l'un d'eux, lors du décès du premier mourant.

ARGAN.

Voilà une coutume bien impertinente, qu'un mari ne puisse rien laisser à une femme dont il est aimé tendrement, et qui prend de lui tant de soin. J'aurais envie de consulter mon avocat pour voir comment je pourrais faire.

M. DE BONNEFOI.

Ce n'est point à des avocats qu'il faut aller; car ils sont d'ordinaire sévères là-dessus, et s'imaginent que c'est un grand crime que de disposer en fraude de la loi. Ce sont gens de difficultés, et qui sont ignorants des détours de la conscience. Il y a d'autres personnes à consulter qui sont bien plus accommodantes, qui ont des expédients pour passer doucement par-dessus la loi, et rendre juste ce qui n'est pas permis; qui savent aplanir les difficultés d'une affaire, et trouver le moyen d'éluder la coutume par quelque avantage indirect. Sans cela où en serions-nous tous les jours? Il faut de la facilité dans les choses, autrement nous ne ferions rien, et je ne donnerais pas un sol de notre métier.

ARGAN.

Ma femme m'avait bien dit, monsieur, que vous étiez fort habile et fort honnête homme; comment puis-je faire, s'il vous plaît, pour lui donner mon bien et en frustrer mes enfants?

M. DE BONNEFOI.

Comment vous pouvez faire? vous pouvez choisir doucement un ami intime de votre femme, auquel vous donnerez, en bonne forme, par votre testament, tout ce que vous pouvez, et cet ami ensuite lui rendra tout. Vous pouvez encore contracter un grand nombre d'obligations, non suspectes, au profit de divers créanciers qui prêteront leur nom à votre femme, entre les mains de laquelle ils mettront leur déclaration que ce qu'ils en ont fait n'a été que pour lui faire plaisir. Vous pouvez

aussi, pendant que vous êtes en vie, mettre entre ses mains de l'argent comptant ou des billets que vous pourrez avoir payables au porteur.
BELINE.
Mon Dieu! il ne faut point vous tourmenter de tout cela. S'il vient faute de vous, mon fils, je ne veux plus rester au monde.
ARGAN.
Mamie.
BELINE.
Oui, mon ami, si je suis assez malheureuse pour vous perdre...
ARGAN.
Ma chère femme.
BELINE.
La vie ne me sera plus de rien.
ARGAN.
Mamour.
BELINE.
Et je suivrai vos pas, pour vous faire connaître la tendresse que j'ai pour vous.
ARGAN.
Mamie, vous me fendez le cœur... Consolez-vous, je vous en prie.
M. DE BONNEFOI, *à Beline.*
Ces larmes sont hors de saison, et les choses n'en sont point encore là.
BELINE.
Ah! monsieur, vous ne savez pas ce que c'est qu'un mari qu'on aime tendrement.
ARGAN.
Tout le regret que j'aurai, si je meurs, mamie, c'est de n'avoir point un enfant de vous. Monsieur Purgon m'avait dit qu'il m'en ferait faire un.
M. DE BONNEFOI.
Cela pourra venir encore.
ARGAN.
Il faut faire mon testament, mamour, de la façon que monsieur dit; mais, par précaution, je veux vous mettre entre les mains vingt mille francs en or, que j'ai dans le lambris de mon alcôve, et deux billets payables au porteur qui me sont dus, l'un par monsieur Damon, et l'autre par monsieur Gérante.
BELINE.
Non, non, je ne veux point de tout cela. Ah!... combien dites-vous qu'il y a dans votre alcôve?
ARGAN.
Vingt mille francs, mamour.
BELINE.
Ne me parlez point de bien, je vous prie. Ah!... de combien sont les deux billets?
ARGAN.
Ils sont, mamie, l'un de quatre mille livres et l'autre de six.
BELINE.
Tous les biens du monde, mon ami, ne me sont rien au prix de vous.

M. DE BONNEFOI, *à Argan.*
Voulez-vous que nous procédions au testament?
ARGAN.
Oui, monsieur; mais nous serons mieux dans mon petit cabinet. Mamour, conduisez-moi, je vous prie.
BELINE.
Allons, mon pauvre petit fils.

SCÈNE X.
ANGÉLIQUE, TOINETTE.
TOINETTE.
Les voilà avec un notaire, et j'ai ouï parler de testament. Votre belle-mère ne s'endort point; et c'est sans doute quelque conspiration contre vos intérêts où elle pousse votre père.
ANGÉLIQUE.
Qu'il dispose de son bien à sa fantaisie, pourvu qu'il ne dispose point de mon cœur. Tu vois, Toinette, les desseins violents que l'on fait sur lui. Ne m'abandonne point, je te prie, dans l'extrémité où je suis.
TOINETTE.
Moi, vous abandonner! J'aimerais mieux mourir. Votre belle-mère a beau me faire sa confidente, et me vouloir jeter dans ses intérêts, je n'ai jamais pu avoir d'inclination pour elle, et j'ai toujours été de votre parti. Laissez-moi faire, j'emploierai toute chose pour vous servir; mais, pour vous servir avec plus d'effet, je veux changer de batterie, couvrir le zèle que j'ai pour vous, et feindre d'entrer dans les sentiments de votre père et de votre belle-mère.
ANGÉLIQUE.
Tâche, je t'en conjure, de faire donner avis à Cléante du mariage qu'on a conclu.
TOINETTE.
Je n'ai personne à employer à cet office que le vieux usurier Polichinel, mon amant ; et il m'en coûtera pour cela quelques paroles de douceur, que je veux bien dépenser pour vous. Pour aujourd'hui il est trop tard; mais demain de grand matin je l'enverrai quérir, et il sera ravi de...

SCÈNE XI.
BELINE, *dans la maison.* ANGÉLIQUE, TOINETTE.
BELINE.
Toinette.
TOINETTE, *à Angélique.*
Voilà qu'on m'appelle. Bonsoir; reposez-vous sur moi.

FIN DU PREMIER ACTE.

ACTE DEUXIEME.

Même décor qu'au premier acte.

SCÈNE PREMIÈRE.

CLÉANTE, TOINETTE.

TOINETTE, *ne reconnaissant pas Cléante.*
Que demandez-vous, monsieur?
CLÉANTE.
Ce que je demande?
TOINETTE.
Ah, ah! c'est vous! Quelle surprise! que venez-vous faire céans?
CLÉANTE.
Savoir ma destinée, parler à l'aimable Angélique, consulter les sentiments de son cœur, et lui demander ses résolutions sur ce mariage fatal dont on m'a averti.
TOINETTE.
Oui; mais on ne parle pas comme cela de but en blanc à Angélique, il faut des mystères; et l'on vous a dit l'étroite garde où elle est retenue, qu'on ne la laisse ni sortir ni parler à personne; et que ce ne fut que la curiosité d'une vieille tante qui nous fit accorder la liberté d'aller à cette comédie qui donna lieu à la naissance de votre passion; et nous nous sommes bien gardées de parler de cette aventure.
CLÉANTE.
Aussi ne viens-je pas ici comme Cléante, et sous l'apparence de son amant; mais comme ami de son maître de musique, dont j'ai obtenu le pouvoir de dire qu'il m'envoie à sa place.
TOINETTE.
Voici son père; retirez-vous un peu, et me laissez lui dire que vous êtes là.

SCÈNE II.

ARGAN, TOINETTE.

ARGAN, *se croyant seul, et sans voir Toinette.*
Monsieur Purgon m'a dit de me promener le matin dans ma chambre douze allées et douze venues; mais j'ai oublié de lui demander si c'est en long ou en large.
TOINETTE.
Monsieur, voilà un...
ARGAN.
Parle bas, pendarde. Tu viens m'ébranler tout le cerveau, et tu ne songes pas qu'il ne faut point parler si haut à des malades.
TOINETTE.
Je voulais vous dire, monsieur...
ARGAN.
Parle bas, te dis-je.
TOINETTE.
Monsieur...
Elle fait semblant de parler.
ARGAN.
Hé?
TOINETTE.
Je vous dis que...
Elle fait encore semblant de parler.
ARGAN.
Qu'est-ce que tu dis?
TOINETTE, *haut.*
Je dis que voilà un homme qui veut parler à vous.
ARGAN.
Qu'il vienne.
Toinette fait signe à Cléante d'avancer.

SCÈNE III.

ARGAN, CLÉANTE, TOINETTE.

CLÉANTE.
Monsieur...
TOINETTE, *à Cléante.*
Ne parlez pas si haut, de peur d'ébranler le cerveau de monsieur.
CLÉANTE.
Monsieur, je suis ravi de vous trouver debout, et de voir que vous vous portez mieux.
TOINETTE, *feignant d'être en colère.*
Comment! qu'il se porte mieux? Cela est faux: monsieur se porte toujours mal.
CLÉANTE.
J'ai ouï dire que monsieur était mieux, et je lui trouve bon visage.
TOINETTE.
Que voulez-vous dire avec votre bon visage? Monsieur l'a fort mauvais; et ce sont des impertinents qui vous ont dit qu'il était mieux. Il ne s'est jamais si mal porté.
ARGAN.
Elle a raison.
TOINETTE.
Il marche, dort, mange et boit tout comme les autres; mais cela n'empêche pas qu'il ne soit fort malade.
ARGAN.
Cela est vrai.
CLÉANTE.
Monsieur, j'en suis au désespoir. Je viens de la part du maître à chanter de mademoiselle votre fille; il s'est vu obligé d'aller à la campagne pour quelques jours, et, comme son ami intime, il m'envoie à sa place pour lui continuer ses leçons, de peur qu'en les interrompant elle ne vînt à oublier ce qu'elle sait déjà.
ARGAN.
Fort bien. (*A Toinette.*) Appelez Angélique.

TOINETTE.
Je crois, monsieur, qu'il sera mieux de mener monsieur à sa chambre.
ARGAN.
Non, faites-la venir.
TOINETTE.
Il ne pourra lui donner leçon comme il faut, s'ils ne sont en particulier.
ARGAN.
Si fait, si fait.
TOINETTE.
Monsieur, cela ne fera que vous étourdir; et il ne faut rien pour vous émouvoir en l'état où vous êtes et vous ébranler le cerveau.
ARGAN.
Point; point, j'aime la musique; et je serai bien aise de... Ah! la voici. (*A Toinette.*) Allez-vous-en voir, vous, si ma femme est habillée.

SCÈNE IV.
ARGAN, ANGÉLIQUE, CLÉANTE.

ARGAN.
Venez, ma fille; votre maître de musique est allé aux champs, et voilà une personne qu'il envoie à sa place pour vous montrer.
ANGÉLIQUE, *reconnaissant Cléante.*
Ah! ciel!
ARGAN.
Qu'est-ce? D'où vient cette surprise?
ANGÉLIQUE.
C'est...
ARGAN.
Quoi? qui vous émeut de la sorte?
ANGÉLIQUE.
C'est, mon père, une aventure surprenante qui se rencontre ici.
ARGAN.
Comment?
ANGÉLIQUE.
J'ai songé cette nuit que j'étais dans le plus grand embarras du monde, et qu'une personne faite tout comme monsieur s'est présentée à moi, à qui j'ai demandé secours et qui m'est venu tirer de la peine où j'étais; et ma surprise a été grande de voir inopinément, en arrivant ici, ce que j'ai eu dans l'idée toute la nuit.
CLÉANTE.
Ce n'est pas être malheureux que d'occuper votre pensée, soit en dormant, soit en veillant; et mon bonheur serait grand, sans doute, si vous étiez dans quelque peine dont vous me jugeassiez digne de vous tirer; et il n'y a rien que je ne fisse pour...

SCÈNE V.
ARGAN, ANGÉLIQUE, CLÉANTE, TOINETTE.

TOINETTE, *à Argan.*
Ma foi, monsieur, je suis pour vous maintenant, et je me dédis de tout ce que je disais hier. Voici monsieur Diafoirus le père et monsieur Diafoirus le fils, qui viennent vous rendre visite. Que vous serez bien engendré! Vous allez voir le garçon le mieux fait du monde et le plus spirituel. Il n'a dit que deux mots qui m'ont ravie, et votre fille va être charmée de lui.
ARGAN, *à Cléante, qui feint de vouloir s'en aller.*
Ne vous en allez point, monsieur. C'est que je marie ma fille; et voilà qu'on lui amène son prétendu mari qu'elle n'a point encore vu.
CLÉANTE.
C'est m'honorer beaucoup, monsieur, de vouloir que je sois témoin d'une entrevue si agréable.
ARGAN.
C'est le fils d'un habile médecin; et le mariage se fera dans quatre jours.
CLÉANTE.
Fort bien.
ARGAN.
Mandez-le un peu à son maître de musique, afin qu'il se trouve à la noce.
CLÉANTE.
Je n'y manquerai pas.
ARGAN.
Je vous y prie aussi.
CLÉANTE.
Vous me faites beaucoup d'honneur.
TOINETTE.
Allons, qu'on se range : les voici.

SCÈNE VI.
M. DIAFOIRUS, THOMAS DIAFOIRUS, ARGAN, ANGÉLIQUE, CLÉANTE, TOINETTE, LAQUAIS.

ARGAN, *mettant la main à son bonnet sans l'ôter.*
Monsieur Purgon, monsieur m'a défendu de découvrir ma tête. Vous êtes du métier, vous savez les conséquences.
M. DIAFOIRUS.
Nous sommes, dans toutes nos visites, pour porter secours aux malades et non pour leur porter de l'incommodité.
Argan et M. Diafoirus parlent en même temps.
ARGAN.
Je reçois, monsieur.
M. DIAFOIRUS.
Nous venons ici, monsieur.
ARGAN.
Avec beaucoup de joie.
M. DIAFOIRUS.
Mon fils Thomas et moi.
ARGAN.
L'honneur que vous me faites.
M. DIAFOIRUS.
Vous témoigner, monsieur.
ARGAN.
Et j'aurais souhaité.
M. DIAFOIRUS.
Le ravissement où nous sommes.

ARGAN.
De pouvoir aller chez vous.
M. DIAFOIRUS.
De la grâce que vous nous faites.
ARGAN.
Pour vous en assurer.
M. DIAFOIRUS.
De vouloir bien nous recevoir.
ARGAN.
Mais vous savez, monsieur.
M. DIAFOIRUS.
Dans l'honneur, monsieur.
ARGAN.
Ce que c'est qu'un pauvre malade.
M. DIAFOIRUS.
De votre alliance.
ARGAN.
Qui ne peut faire autre chose.
M. DIAFOIRUS.
Et vous assurer.
ARGAN.
Que de vous dire ici.
M. DIAFOIRUS.
Que, dans les choses qui dépendront de notre métier.
ARGAN.
Qu'il cherchera toutes les occasions.
M. DIAFOIRUS.
De même qu'en tout autre.
ARGAN.
De vous faire connaître, monsieur.
M. DIAFOIRUS.
Nous serons toujours prêts, monsieur.
ARGAN.
Qu'il est tout à votre service.
M. DIAFOIRUS.
A vous témoigner notre zèle. (*A son fils.*) Allons, Thomas, avancez. Faites vos compliments.
THOMAS DIAFOIRUS, *à M. Diafoirus.*
N'est-ce pas par le père qu'il convient commencer?
M. DIAFOIRUS.
Oui.
THOMAS DIAFOIFUS, *à Argan,*
Monsieur, je viens saluer, reconnaître, chérir et révérer en vous un second père; mais un second père auquel j'ose dire que je me trouve plus redevable qu'au premier. Le premier m'a engendré; mais vous m'avez choisi. Il m'a reçu par nécessité; mais vous m'avez accepté par grâce. Ce que je tiens de lui est un ouvrage de son corps; mais ce que je tiens de vous est un ouvrage de votre volonté, et d'autant plus que les facultés spirituelles sont au-dessus des corporelles, d'autant plus je vous dois; et d'autant plus je tiens précieuse cette future filiation dont je viens aujourd'hui vous rendre par avance les très-humbles et très-respectueux hommages.
TOINETTE.
Vivent les colléges d'où l'on sort si habile homme!
THOMAS DIAFOIRUS, *à M. Diafoirus.*
Cela a-t-il bien été, mon père?

M. DIAFOIRUS.
Optimè.
ARGAN, *à Angélique.*
Allons, saluez monsieur.
THOMAS DIAFOIRUS, *à M. Diafoirus.*
Baiserai-je?
M. DIAFOIRUS.
Oui, oui.
THOMAS DIAFOIRUS, *à Angélique.*
Madame, c'est avec justice que le ciel vous a concédé le nom de belle-mère, puisque l'on...
ARGAN, *à Thomas Diafoirus.*
Ce n'est pas ma femme, c'est ma fille à qui vous parlez.
THOMAS DIAFOIRUS.
Où donc est-elle?
ARGAN.
Elle va venir.
THOMAS DIAFOIRUS.
Attendrai-je, mon père, qu'elle soit venue?
M. DIAFOIRUS.
Faites toujours le compliment de mademoiselle.
THOMAS DIAFOIRUS.
Mademoiselle, ne plus ne moins que la statue de Memnon rendait un son harmonieux lorsqu'elle venait à être éclairée des rayons du soleil, tout de même me sens-je animé d'un doux transport à l'apparition du soleil de vos beautés; et, comme les naturalistes remarquent que la fleur nommée héliotrope tourne sans cesse vers cet astre du jour, aussi mon cœur, dorénavant, tournera-t-il toujours vers les astres resplendissants de vos yeux adorables, ainsi que vers son pôle unique. Souffrez donc, mademoiselle, que j'appende aujourd'hui à l'autel de vos charmes j'offrande de ce cœur qui ne respire et n'ambitionne autre gloire que d'être toute sa vie, mademoiselle, votre très-humble, très-obéissant et très-fidèle serviteur et mari.
TOINETTE.
Voilà ce que c'est que d'étudier; on apprend à dire de belles choses.
ARGAN, *à Cléante.*
Eh! que dites-vous de cela?
CLÉANTE.
Que monsieur fait merveille, et que s'il est aussi bon médecin qu'il est bon orateur, il y aura plaisir à être de ses malades.
TOINETTE.
Assurément. Ce sera quelque chose d'admirable s'il fait d'aussi belles cures qu'il fait de beaux discours.
ARGAN.
Allons, vite, ma chaise et des siéges à tout le monde. (*Les laquais donnent des siéges.* Mettez-vous là, ma fille. (*A M. Diafoirus.*) Vous voyez, monsieur, que tout le monde admire monsieur votre fils; et je vous trouve bien heureux de vous voir un garçon comme cela.
M. DIAFOIRUS.
Monsieur, ce n'est pas parce que je suis son père, mais je puis dire que j'ai sujet d'être content de lui, et que tous ceux qui le voient en parlent

comme d'un garçon qui n'a point de méchanceté. Il n'a jamais eu l'imagination bien vive, ni ce feu d'esprit qu'on remarque dans quelques-uns; mais c'est par là que j'ai toujours bien auguré de sa judiciaire, qualité requise pour l'exercice de notre art. Lorsqu'il était petit, il n'a jamais été ce qu'on appelle mièvre et éveillé. On le voyait toujours doux, paisible et taciturne, ne disant jamais mot, et ne jouant jamais à tous ces petits jeux que l'on nomme enfantins. On eut toutes les peines du monde à lui apprendre à lire ; et il avait neuf ans qu'il ne connaissait pas encore ses lettres. Bon, disais-je en moi-même, les arbres tardifs sont ceux qui portent les meilleurs fruits. On grave sur le marbre bien plus malaisément que sur le sable ; mais les choses y sont conservées bien plus longtemps ; et cette lenteur à comprendre, cette pesanteur d'imagination est la marque d'un bon jugement à venir. Lorsque je l'envoyai au collége, il trouva de la peine ; mais il se roidissait contre les difficultés, et ses régents se louaient toujours à moi de son assiduité et de son travail. Enfin, à force de battre le fer, il en est venu glorieusement à avoir ses licences ; et je puis dire, sans vanité, que, depuis deux ans qu'il est sur les bancs, il n'y a point de candidat qui ait fait plus de bruit que lui dans toutes les disputes de notre école. Il s'y est rendu redoutable ; et il ne s'y passe point d'acte où il n'aille argumenter à outrance pour la proposition contraire. Il est ferme dans la dispute, fort comme un Turc sur ses principes, ne démord jamais de son opinion, et poursuit un raisonnement jusque dans les derniers recoins de la logique. Mais, sur toute chose, ce qui me plaît en lui, et en quoi il suit mon exemple, c'est qu'il s'attache aveuglément aux opinions de nos anciens, et que jamais il n'a voulu comprendre ni écouter les raisons et les expériences des prétendues découvertes de notre siècle, touchant la circulation du sang et autres opinions de même farine.

THOMAS DIAFOIRUS, *tirant de sa poche une grande thèse roulée qu'il présente à Angélique.*

J'ai, contre les circulateurs, soutenu une thèse, qu'avec la permission de monsieur, (*saluant Argan*) j'ose présenter à mademoiselle, comme un hommage que je lui dois des prémices de mon esprit.

ANGÉLIQUE.

Monsieur, c'est pour moi un meuble inutile, et je ne me connais pas à ces choses-là.

TOINETTE, *prenant la thèse.*

Donnez, donnez. Elle est toujours bonne à prendre pour l'image ; cela servira à parer notre chambre.

THOMAS DIAFOIRUS, *saluant encore Argan.*

Avec la permission aussi de monsieur, je vous invite à venir voir, l'un de ces jours, pour vous divertir, la dissection d'une femme sur quoi je dois raisonner.

TOINETTE.

Le divertissement sera agréable. Il y en a qui donnent la comédie à leurs maîtresses ; mais donner une dissection est quelque chose de plus galant.

M. DIAFOIRUS.

Au reste, pour ce qui est des qualités requises pour le mariage et la propagation, je vous assure que, selon les règles de nos docteurs, il est tel qu'on peut le souhaiter, qu'il possède en un degré louable la vertu prolifique, et qu'il est du tempérament qu'il faut pour engendrer et procréer des enfants bien conditionnés.

ARGAN.

N'est-ce pas votre intention, monsieur, de le pousser à la cour, et d'y ménager pour lui une charge de médecin ?

M. DIAFOIRUS.

A vous en parler franchement, notre métier auprès des grands ne m'a jamais paru agréable, et j'ai toujours trouvé qu'il valait mieux, pour nous autres, demeurer au public. Le public est commode. Vous n'avez à répondre de vos actions à personne ; et, pourvu qu'on suive le courant des règles de l'art, on ne se met point en peine de tout ce qui peut arriver. Mais ce qu'il y a de fâcheux auprès des grands, c'est que, quand ils viennent à être malades, ils veulent absolument que leurs médecins les guérissent.

TOINETTE.

Cela est plaisant ; et ils sont bien impertinents de vouloir que, vous autres messieurs, vous les guérissiez. Vous n'êtes point auprès d'eux pour cela, vous n'y êtes que pour recevoir vos pensions et leur ordonner des remèdes ; c'est à eux à guérir s'ils peuvent.

M. DIAFOIRUS.

Cela est vrai. On n'est obligé qu'à traiter les gens dans les formes.

ARGAN, *à Cléante.*

Monsieur, faites un peu chanter ma fille devant la compagnie.

CLÉANTE.

J'attendais vos ordres, monsieur ; et il m'est venu en pensée, pour divertir la compagnie, de chanter avec mademoiselle une scène d'un petit opéra qu'on a fait depuis peu. (*A Angélique, lui donnant un papier.*) Tenez, voilà votre partie.

ANGÉLIQUE.

Moi ?

CLÉANTE, *bas, à Angélique.*

Ne vous défendez point, s'il vous plaît, et me laissez vous faire comprendre ce que c'est que la scène que nous devons chanter. (*Haut.*) Je n'ai pas une voix à chanter ; mais ici, il suffit que je me fasse entendre, et l'on aura la bonté de m'excuser par la nécessité où je me trouve de faire chanter mademoiselle.

ARGAN.

Les vers en sont-ils beaux ?

CLÉANTE.

C'est proprement ici un petit opéra impromptu ; et vous n'allez entendre chanter que de la prose cadencée, ou des manières de vers libres, tels que la passion et la nécessité peuvent faire trouver à deux personnes qui disent les choses d'elles-mêmes et parlent sur-le-champ.

ARGAN.

Fort bien. Écoutons.

CLÉANTE.

Voici le sujet de la scène. Un berger était attentif aux beautés d'un spectacle qui ne faisait que commencer, lorsqu'il fut tiré de son attention par un bruit qu'il entendit à ses côtés. Il se retourne, et voit un brutal qui, de paroles insolentes, maltraitait une bergère. D'abord, il prend les intérêts d'un sexe à qui tous les hommes doivent hommage ; et, après avoir donné au brutal le châtiment de son insolence, il vient à la bergère, et voit une jeune personne qui, des deux plus beaux yeux qu'il eût jamais vus, versait des larmes qu'il trouva les plus belles du monde. Hélas! dit-il en lui-même, est-on capable d'outrager une personne si aimable, et quel inhumain, quel barbare ne serait touché par de telles larmes? Il prend soin de les arrêter, ces larmes qu'il trouve si belles ; et l'aimable bergère prend soin en même temps de le remercier de son léger service, mais d'une manière si charmante, si tendre et si passionnée, que le berger n'y peut résister ; et chaque mot, chaque regard est un trait plein de flamme dont son cœur se sent pénétré. Est-il, disait-il, quelque chose qui puisse mériter les aimables paroles d'un tel remerciment? Et que ne voudrait-on pas faire? à quels services, à quels dangers ne serait-on pas ravi de courir pour s'attirer un seul moment des touchantes douceurs d'une âme si reconnaissante? Tout le spectacle passe sans qu'il y donne aucune attention ; mais il se plaint qu'il est trop court, parce qu'en finissant il se sépare de son adorable bergère ; et, de cette première vue, de ce premier moment, il emporte chez lui tout ce qu'un amour de plusieurs années peut avoir de plus violent. Le voilà aussitôt à sentir tous les maux de l'absence ; et il est tourmenté de ne plus voir ce qu'il a si peu vu. Il fait tout ce qu'il peut pour se redonner cette vue dont il conserve nuit et jour une si chère idée ; mais la grande contrainte où l'on tient sa bergère lui en ôte tous les moyens. La violence de sa passion le fait résoudre à demander en mariage l'adorable beauté, sans laquelle il ne peut plus vivre ; et il en obtient d'elle la permission par un billet qu'il a l'adresse de lui faire tenir. Mais, dans le même temps on l'avertit que le père de cette belle a conclu son mariage avec un autre ; et que tout se dispose pour en célébrer la cérémonie. Jugez quelle atteinte cruelle au cœur de ce triste berger. Le voilà accablé d'une mortelle douleur, il ne peut souffrir l'effroyable idée de voir tout ce qu'il aime entre les bras d'un autre ; et son amour au désespoir lui fait trouver moyen de s'introduire dans la maison de sa bergère pour apprendre ses sentiments et savoir d'elle la destinée à laquelle il doit se résoudre. Il y rencontre les apprêts de tout ce qu'il craint ; il y voit venir l'indigne rival que le caprice d'un père oppose aux tendresses de son amour ; il le voit triomphant, ce rival ridicule, auprès de l'aimable bergère, ainsi qu'auprès d'une conquête qui lui est assurée ; et cette vue le remplit d'une colère dont il a peine à se rendre le maître. Il jette de douloureux regards sur celle qu'il adore ; et son respect et la présence de son père l'empêchent de lui rien dire que des yeux. Mais enfin, il force toute contrainte, et le transport de son amour l'oblige à lui parler ainsi :

Il chante :

Belle Philis, c'est trop, c'est trop souffrir ;
Rompons ce dur silence, et m'ouvrez vos pensées.
 Apprenez-moi ma destinée ;
 Faut-il vivre? faut-il mourir ?

ANGÉLIQUE.

Vous me voyez, Tircis, triste et mélancolique,
Aux apprêts de l'hymen dont vous vous alarmez.
Je lève au ciel les yeux ; je vous regarde, je soupire,
 C'est vous en dire assez.

ARGAN.

Ouais! je ne croyais pas que ma fille fût si habile que de chanter ainsi à livre ouvert sans hésiter.

CLÉANTE.

 Hélas ! belle Philis ,
 Se pourrait-il que l'amoureux Tircis
  Eût assez de bonheur
Pour avoir quelque place dans votre cœur ?

ANGÉLIQUE.

Je ne m'en défends point, dans cette peine extrême ;
 Oui, Tircis, je vous aime.

CLÉANTE.

O parole pleine d'appas !
Ai-je bien entendu ? Hélas !
Redites-la, Philis, que je n'en doute pas.

ANGÉLIQUE.

Oui, Tircis, je vous aime.

CLÉANTE.

De grâce, encore, Philis.

ANGÉLIQUE.

Je vous aime.

CLÉANTE.

Recommencez cent fois, ne vous en lassez pas.

ANGÉLIQUE.

Je vous aime, je vous aime,
Oui, Tircis, je vous aime.

CLÉANTE.

Dieux, rois, qui, sous vos pieds regardez tout le monde,
Pouvez-vous comparer votre bonheur au mien ?
 Mais, Philis, une pensée
 Vient troubler ce doux transport,
 Un rival, un rival...

ANGÉLIQUE.

 Ah ! je le hais plus que la mort ;
 Et sa présence, ainsi qu'à vous,
 M'est un cruel supplice.

CLÉANTE.

Mais un père à ses vœux vous veut assujétir.

ANGÉLIQUE.

Plutôt, plutôt mourir,
Que de jamais y consentir ;
Plutôt, plutôt mourir, plutôt mourir.

ARGAN.

Et que dit le père à tout cela?

CLÉANTE.

Il ne dit rien.

ARGAN.

Voilà un sot père que ce père-là de souffrir toutes ces sottises-là sans rien dire.

CLÉANTE, *voulant continuer à chanter.*

Ah ! mon amour...

ARGAN.

Non, non, en voilà assez. Cette comédie-là est de fort mauvais exemple. Le berger Tircis est un impertinent, et la bergère Philis une impudente de parler de la sorte devant son père. (*A Angélique.*) Montrez-moi ce papier. Ah ! ah ! où sont dont les paroles que vous dites ? Il n'y a là que de la musique écrite.

CLÉANTE.

Est-ce que vous ne savez pas, monsieur, qu'on a trouvé depuis peu l'invention d'écrire les paroles avec les notes mêmes ?

ARGAN.

Fort bien. Je suis votre serviteur, monsieur ; jusqu'au revoir. Nous nous serions bien passé de votre impertinent opéra.

CLÉANTE.

J'ai cru vous divertir.

ARGAN.

Les sottises ne divertissent point. Ah ! voici ma femme.

SCÈNE VII.

BELINE, ARGAN, ANGÉLIQUE, M. DIAFOIRUS, THOMAS DIAFOIRUS, TOINETTE.

ARGAN.

Mamour, voilà le fils de monsieur Diafoirus.

THOMAS DIAFOIRUS.

Madame, c'est avec justice que le ciel vous a concédé le nom de belle-mère, puisque l'on voit sur votre visage...

BELINE.

Monsieur, je suis ravie d'être ici venue à propos pour avoir l'honneur de vous voir.

THOMAS DIAFOIRUS.

Puisque l'on voit sur votre visage... puisque l'on voit sur votre visage... Madame, vous m'avez interrompu dans le milieu de ma période, et cela m'a troublé la mémoire.

M. DIAFOIRUS.

Thomas, réservez cela pour une autre fois.

ARGAN.

Je voudrais, mamie, que vous eussiez été ici tantôt.

TOINETTE.

Ah ! madame, vous avez bien perdu de n'avoir point été au second père, à la statue de Memnon, et à la fleur nommée héliotrope.

ARGAN.

Allons, ma fille, touchez dans la main de monsieur, et lui donner votre foi comme à votre mari.

ANGÉLIQUE.

Mon père.

ARGAN.

Eh bien, mon père ! Qu'est-ce que cela veut dire ?

ANGÉLIQUE.

De grâce, ne précipitez point les choses. Donnez-nous au moins le temps de nous connaître et de voir naître en nous l'un pour l'autre cette inclination si nécessaire à composer une union parfaite.

THOMAS DIAFOIRUS.

Quant à moi, mademoiselle, elle est déjà toute née en moi, et je n'ai pas besoin d'attendre davantage.

ANGÉLIQUE.

Si vous êtes si prompt, monsieur, il n'en est pas de même de moi ; et je vous avoue que votre mérite n'a pas encore fait assez d'impression dans mon âme.

ARGAN.

Oh ! bien, bien ; cela aura tout le loisir de se faire quand vous serez mariés ensemble.

ANGÉLIQUE.

Eh ! mon père, donnez-moi du temps, je vous prie. Le mariage est une chaîne où l'on ne doit jamais soumettre un cœur par force ; et si monsieur est honnête homme, il ne doit point vouloir accepter une personne qui serait à lui par contrainte.

THOMAS DIAFOIRUS.

Nego consequentiam, mademoiselle, et je puis être honnête homme et vouloir bien vous accepter des mains de monsieur votre père.

ANGÉLIQUE.

C'est un méchant moyen de se faire aimer de quelqu'un que de lui faire violence.

THOMAS DIAFOIRUS.

Nous lisons des anciens, mademoiselle, que leur coutume était d'enlever par force, de la maison des pères, les filles qu'on menait marier, afin qu'il ne semblât pas que ce fût de leur consentement qu'elles convolaient dans les bras d'un homme.

ANGÉLIQUE.

Les anciens, monsieur, sont les anciens, et nous sommes les gens de maintenant. Les grimaces ne sont point nécessaires dans notre siècle ; et quand un mariage nous plaît, nous savons fort bien y aller sans qu'on nous y traîne. Donnez-vous patience ; si vous m'aimez, monsieur, vous devez vouloir tout ce que je veux.

THOMAS DIAFOIRUS.

Oui, mademoiselle, jusqu'aux intérêts de mon amour exclusivement.

ANGÉLIQUE.

Mais la grande marque d'amour c'est d'être soumis aux volontés de celle qu'on aime.

THOMAS DIAFOIRUS.

Distinguo, mademoiselle. Dans ce qui ne regarde point sa possession, *concedo,* mais dans ce qui la regarde, *nego.*

TOINETTE, à *Angélique.*

Vous avez beau raisonner. Monsieur est frais émoulu du collège, et il vous donnera toujours votre reste. Pourquoi tant résister et refuser la gloire d'être attachée au corps de la faculté ?

BELINE.
Elle a peut-être quelque inclination en tête.
ANGÉLIQUE.
Si j'en avais, madame, elle serait telle que la raison et l'honnêteté pourraient me la permettre.
ARGAN.
Ouais! je joue ici un plaisant personnage.
BELINE.
Si j'étais que de vous, mon fils, je ne la forcerais point à se marier ; et je sais bien ce que je ferais.
ANGÉLIQUE.
Je sais, madame, ce que vous voulez dire, et les bontés que vous avez pour moi ; mais peut-être que vos conseils ne seront pas assez heureux pour être exécutés.
BELINE.
C'est que les filles bien sages et bien honnêtes, comme vous, se moquent d'être obéissantes et soumises aux volontés de leurs pères. Cela était bon autrefois.
ANGÉLIQUE.
Le devoir d'une fille a des bornes, madame ; et la raison et les lois ne l'étendent point à toutes sortes de choses.
BELINE.
C'est-à-dire que vos pensées ne sont que pour le mariage ; mais vous voulez choisir un époux à votre fantaisie.
ANGÉLIQUE.
Si mon père ne veut pas me donner un mari qui me plaise, je le conjurerai au moins de ne me point forcer à en épouser un que je ne puisse pas aimer.
ARGAN.
Messieurs, je vous demande pardon de tout ceci.
ANGÉLIQUE.
Chacun a son but en se mariant. Pour moi, qui ne veux un mari que pour l'aimer véritablement, et qui prétends en faire tout l'attachement de ma vie, je vous avoue que j'y cherche quelque précaution. Il y en a d'aucunes qui prennent des maris seulement pour se tirer de la contrainte de leurs parents, et se mettre en état de faire tout ce qu'elles voudront. Il y en a d'autres, madame, qui font du mariage un commerce de pur intérêt, qui ne se marient que pour gagner des douaires, que pour s'enrichir par la mort de ceux qu'elles épousent, et courent sans scrupule de mari en mari pour s'approprier leurs dépouilles. Ces personnes-là, à la vérité, n'y cherchent pas tant de façons, et regardent peu la personne.
BELINE.
Je vous trouve aujourd'hui bien raisonnante ; et je voudrais bien savoir ce que vous voulez dire par-là.
ANGÉLIQUE.
Moi, madame ? Que voudrais-je dire que ce que je dis ?
BELINE.
Vous êtes si sotte, mamie, qu'on ne saurait plus vous souffrir.
ANGÉLIQUE.
Vous voudriez bien, madame, m'obliger à vous répondre quelque impertinence ; mais je vous avertis que vous n'aurez pas cet avantage.
BELINE.
Il n'est rien d'égal à votre insolence.
ANGÉLIQUE.
Non, madame! vous avez beau dire.
BELINE.
Et vous avez un ridicule orgueil, une impertinente présomption qui fait hausser les épaules à tout le monde.
ANGÉLIQUE.
Tout cela, madame, ne servira de rien. Je serai sage en dépit de vous ; et, pour vous ôter l'espérance de pouvoir réussir dans ce que vous voulez, je vais m'ôter de votre vue.

SCÈNE VIII.

ARGAN, BELINE, M. DIAFOIRUS, THOMAS DIAFOIRUS, TOINETTE.

ARGAN, à *Angélique qui sort*.
Écoute, il n'y a point de milieu à cela. Choisis d'épouser dans quatre jours ou monsieur ou un couvent. (*A Beline.*) Ne vous mettez pas en peine, je la rangerai bien.
BELINE.
Je suis fâchée de vous quitter, mon fils ; mais j'ai une affaire en ville dont je ne puis me dispenser. Je reviendrai bientôt.
ARGAN.
Allez, mamour ; et passez chez votre notaire, afin qu'il expédie ce que vous savez.
BELINE.
Adieu, mon petit ami.
ARGAN.
Adieu, mamie.

SCÈNE IX.

ARGAN, M. DIAFOIRUS, THOMAS DIAFOIRUS, TOINETTE.

ARGAN.
Voilà une femme qui m'aime... cela n'est pas croyable.
M. DIAFOIRUS.
Nous allons, monsieur, prendre congé de vous.
ARGAN.
Je vous prie, monsieur, de me dire un peu comment je suis.
M. DIAFOIRUS, *tâtant le pouls d'Argan*.
Allons, Thomas, prenez l'autre bras de monsieur pour voir si vous saurez porter un bon jugement de son pouls. *Quid dicis?*
THOMAS DIAFOIRUS.
Dico que le pouls de monsieur est le pouls d'un homme qui ne se porte point bien.
M. DIAFOIRUS.
Bon.

THOMAS DIAFOIRUS.
Qu'il est duriuscule, pour ne pas dire dur.
M. DIAFOIRUS.
Fort bien.
THOMAS DIAFOIRUS.
Repoussant.
M. DIAFOIRUS.
Benè.
THOMAS DIAFOIRUS.
Et même un peu capricant.
M. DIAFOIRUS.
Optimè.
THOMAS DIAFOIRUS.
Ce qui marque une intempérie dans le *parenchyme splénique*, c'est-à-dire la rate.
M. DIAFOIRUS.
Fort bien.
ARGAN.
Non; monsieur Purgon dit que c'est mon foie qui est malade.
M. DIAFOIRUS.
Et oui, qui dit *parenchyme*, dit l'un et l'autre, à cause de l'étroite sympathie qu'ils ont ensemble, par le moyen du *vas breve* du *pylore*, et souvent des *meats cholidoques*. Il vous ordonne sans doute de manger force rôti.
ARGAN.
Non, rien que du bouilli.
M. DIAFOIRUS.
Et oui, rôti, bouilli, même chose. Il vous ordonne fort prudemment, et vous ne pouvez être en de meilleures mains.
ARGAN.
Monsieur, combien est-ce qu'il faut mettre de grains de sel dans un œuf?
M. DIAFOIRUS.
Six, huit, dix, par les nombres pairs, comme dans les médicaments par les nombres impairs.
ARGAN.
Jusqu'au revoir, monsieur.

SCÈNE X.

BELINE, ARGAN.

BELINE.
Je viens, mon fils, avant que de sortir, vous donner avis d'une chose à laquelle il faut que vous preniez garde. En passant par-devant la chambre d'Angélique, j'ai vu un jeune homme avec elle, qui s'est sauvé d'abord qu'il m'a vue.
ARGAN.
Un jeune homme avec ma fille?
BELINE.
Oui, votre petite fille Louison, qui était avec eux, pourra vous en dire des nouvelles.
ARGAN.
Envoyez-la ici, mamour; envoyez-là ici. (*Seul.*) Ah! l'effrontée! je ne m'étonne plus de sa résistance.

SCÈNE XI.

ARGAN, LOUISON.

LOUISON.
Qu'est-ce que vous me voulez, mon papa? ma belle maman m'a dit que vous me demandez.
ARGAN.
Oui. Venez ça; avancez là. Tournez-vous. Levez les yeux. Regardez-moi. Hé?
LOUISON.
Quoi, mon papa?
ARGAN.
La?
LOUISON.
Quoi?
ARGAN.
N'avez-vous rien à me dire?
LOUISON.
Je vous dirai, si vous voulez, pour vous désennuyer, le conte de Peau-d'Ane, ou bien la fable du Corbeau et du Renard, qu'on m'a apprise depuis peu.
ARGAN.
Ce n'est pas cela que je demande.
LOUISON.
Quoi donc?
ARGAN.
Ah! rusée, vous savez bien ce que je veux dire!
LOUISON.
Pardonnez-moi, mon papa.
ARGAN.
Est-ce là comme vous m'obéissez?
LOUISON.
Quoi?
ARGAN.
Ne vous ai-je pas recommandé de me venir dire d'abord tout ce que vous voyez?
LOUISON.
Oui, mon papa.
ARGAN.
L'avez-vous fait?
LOUISON.
Oui, mon papa. Je vous suis venue dire tout ce que j'ai vu.
ARGAN.
Et n'avez-vous rien vu aujourd'hui?
LOUISON.
Non, mon papa.
ARGAN.
Non?
LOUISON.
Non, mon papa.
ARGAN.
Assurément?
LOUISON.
Assurément.
ARGAN.
Oh ça, je m'en vais vous faire voir quelque chose, moi.

LOUISON, *voyant une poignée de verges qu'Argan a été prendre.*
Ah! mon papa!

ARGAN.
Ah! ah! petite masque, vous ne me dites pas que vous avez vu un homme dans la chambre de votre sœur?

LOUISON, *pleurant.*
Mon papa.

ARGAN, *prenant Louison par le bras.*
Voici ce qui vous apprendra à mentir.

LOUISON, *se jetant à genoux.*
Ah! mon papa, je vous demande pardon. C'est que ma sœur m'avait dit de ne pas vous le dire; mais je m'en vais vous dire tout.

ARGAN.
Il faut premièrement que vous ayez le fouet pour avoir menti, puis après nous verrons au reste.

LOUISON.
Pardon, mon papa.

ARGAN.
Non, non.

LOUISON.
Mon pauvre papa, ne me donnez pas le fouet.

ARGAN.
Vous l'aurez.

LOUISON.
Au nom de Dieu! mon papa, que je ne l'aie pas.

ARGAN, *voulant la fouetter.*
Allons, allons.

LOUISON.
Ah! mon papa, vous m'avez blessée. Attendez, je suis morte.
Elle contrefait la morte.

ARGAN.
Holà! Qu'est-ce là, Louison, Louison! Ah! mon Dieu! Louison, Louison! Ah! ma fille. Ah! malheureux, ma pauvre fille est morte! Qu'ai-je fait, misérable? Ah! chiennes de verges! La peste soit des verges. Ah! ma pauvre fille! ma pauvre petite Louison!

LOUISON.
La, la, mon papa, ne pleurez point tant, je ne suis pas morte tout à fait.

ARGAN.
Voyez-vous la petite rusée? Oh ça, ça, je vous pardonne pour cette fois-ci, pourvu que vous me disiez bien tout.

LOUISON.
Oh! oui, mon papa.

ARGAN.
Prenez-y bien garde, au moins, car voilà un petit doigt qui sait tout, qui me dira si vous mentez.

LOUISON.
Mais, mon papa, ne dites pas à ma sœur que je vous l'ai dit.

ARGAN.
Non, non.

LOUISON, *après avoir regardé si personne n'écoute.*
C'est, mon papa, qu'il est venu un homme dans la chambre de ma sœur, comme j'y étais.

ARGAN.
Eh bien?

LOUISON.
Je lui ai demandé ce qu'il demandait, et il m'a dit qu'il était son maître à chanter.

ARGAN, *à part.*
Hom, hom! voilà l'affaire. (*A Louison.*) Eh bien?

LOUISON.
Ma sœur est venue après.

ARGAN.
Eh bien?

LOUISON.
Elle lui a dit, sortez, sortez, sortez; mon Dieu! sortez, vous me mettez au désespoir.

ARGAN.
Eh bien?

LOUISON.
Et lui ne voulait pas sortir.

ARGAN.
Qu'est-ce qu'il lui disait?

LOUISON.
Il lui disait je ne sais combien de choses.

ARGAN.
Et quoi encore?

LOUISON.
Il lui disait tout ci, tout ça, qu'il l'aimait bien, et qu'elle était la plus belle du monde.

ARGAN.
Et puis après?

LOUISON.
Et puis après, il se mettait à genoux devant elle.

ARGAN.
Et puis après?

LOUISON.
Et puis après, il lui baisait les mains.

ARGAN.
Et puis après?

LOUISON.
Et puis après, ma belle maman est venue à la porte, et il s'est enfui.

ARGAN.
Il n'y a point autre chose?

LOUISON.
Non, mon papa.

ARGAN.
Voilà mon petit doigt pourtant qui gronde quelque chose. (*Mettant son doigt à son oreille.*) Attendez. Hé! ha, ba! oui? Oh, oh! voilà mon petit doigt qui me dit quelque chose que vous avez vu et que vous ne m'avez pas dit.

LOUISON.
Ah! mon papa, votre petit doigt est un menteur.

ARGAN.
Prenez garde.

LOUISON.
Non, mon papa, ne le croyez pas; il ment, je vous assure.

ARGAN.
Oh! bien, bien, nous verrons cela. Allez-vous-en, et prenez bien garde à tout. Allez. (*Seul.*) Ah! il n'y a plus d'enfants. Ah! que d'affaires! je n'ai pas seulement le loisir de songer à ma maladie. En vérité, je n'en puis plus.
Il se laisse tomber dans sa chaise.

SCÈNE XII.

BÉRALDE, ARGAN.

BÉRALDE.
Eh bien, mon frère, qu'est-ce? comment vous portez-vous?

ARGAN.
Ah! mon frère, fort mal.

BÉRALDE.
Comment fort mal?

ARGAN.
Oui, je suis dans une faiblesse si grande que cela n'est pas croyable.

BÉRALDE.
Voilà qui est fâcheux.

ARGAN.
Je n'ai pas seulement la force de pouvoir parler.

BÉRALDE.
J'étais venu ici, mon frère, vous proposer un parti pour ma nièce Angélique.

ARGAN, *parlant avec emportement, et se levant de sa chaise.*
Mon frère, ne me parlez point de cette coquine-là. C'est une friponne, une impertinente, une effrontée que je mettrai dans un couvent avant qu'il soit deux jours.

BÉRALDE.
Ah! voilà qui est bien. Je suis bien aise que la force vous revienne un peu, et que ma visite vous fasse du bien. Oh ça, nous parlerons d'affaires tantôt. Je vous amène ici un divertissement que j'ai rencontré, qui dissipera votre chagrin et vous rendra l'âme mieux disposée aux choses que nous avons à dire. Ce sont des Égyptiens vêtus en Maures, qui font des danses mêlés de chansons où je suis sûr que vous prendrez plaisir, et cela vaudra bien une ordonnance de monsieur Purgon. Allons.

FIN DU DEUXIÈME ACTE.

ACTE TROISIEME.

SCÈNE PREMIÈRE.

BÉRALDE, ARGAN, TOINETTE.

BÉRALDE.
Eh bien, mon frère, qu'en dites-vous? cela ne vaut-il pas bien une prise de casse?

TOINETTE.
Hom! de bonne casse est bonne.

BÉRALDE.
Oh ça, voulez-vous que nous parlions un peu ensemble?

ARGAN.
Un peu de patience, mon frère, je vais revenir.

TOINETTE.
Tenez, monsieur, vous ne songez pas que vous ne sauriez marcher sans bâton.

ARGAN.
Tu as raison.

SCÈNE II.

BÉRALDE, TOINETTE.

TOINETTE.
N'abandonnez pas, s'il vous plaît, les intérêts de votre nièce.

BÉRALDE.
J'emploierai toutes choses pour lui obtenir ce qu'elle souhaite.

TOINETTE.
Il faut absolument empêcher ce mariage extravagant qu'il s'est mis dans la fantaisie; et j'avais songé en moi-même que ç'aurait été une bonne affaire de pouvoir introduire ici un médecin à notre poste, pour le dégoûter de son monsieur Purgon et lui décrier sa conduite. Mais comme nous n'avons personne en main pour cela, j'ai résolu de jouer un tour de ma tête.

BÉRALDE.
Comment?

TOINETTE.
C'est une imagination burlesque. Cela sera peut-être plus heureux que sage. Laissez-moi faire. Agissez de votre côté. Voici notre homme.

SCÈNE III.

ARGAN, BÉRALDE.

BÉRALDE.
Vous voulez bien, mon frère, que je vous demande, avant toute chose, de ne vous point échauffer l'esprit dans notre conservation.

ARGAN.
Voilà qui est fait.

BÉRALDE.
De répondre sans nulle aigreur aux choses que je pourrai vous dire.

ARGAN.
Oui.

BÉRALDE.
Et de raisonner ensemble sur les affaires dont nous avons à parler avec un esprit détaché de toute passion.

ARGAN.

Mon Dieu ! oui ; voilà bien du préambule.

BÉRALDE.

D'où vient, mon frère, qu'ayant le bien que vous avez, et n'ayant d'enfants qu'une fille, car je ne compte pas la petite ; d'où vient, dis-je, que vous parlez de la mettre dans un couvent ?

ARGAN.

D'où vient, mon frère, que je suis maître dans ma famille pour faire ce que bon me semble ?

BÉRALDE.

Votre femme ne manque pas de vous conseiller de vous défaire ainsi de vos deux filles, et je ne doute point que, par un esprit de charité, elle ne fût ravie de les voir toutes deux bonnes religieuses.

ARGAN.

Oh ça, nous y voici. Voilà d'abord la pauvre femme en jeu. C'est elle qui fait tout le mal, et tout le monde lui en veut.

BÉRALDE.

Non, mon frère, laissons-la là ; c'est une femme qui a les meilleures intentions du monde pour votre famille et qui est détachée de toute sorte d'intérêt, qui a pour vous une tendresse merveilleuse, et qui montre pour vos enfants une affection et une bonté qui n'est pas concevable, cela est certain. N'en parlons point, et revenons à votre fille. Sur quelle pensée, mon frère, la voulez-vous donner en mariage au fils d'un médecin ?

ARGAN.

Sur la pensée, mon frère, de me donner un gendre tel qu'il me faut.

BÉRALDE.

Ce n'est point là, mon frère, le fait de votre fille ; et il se présente un parti plus sortable pour elle.

ARGAN.

Oui ; mais celui-ci, mon frère, est plus sortable pour moi.

BÉRALDE.

Mais le mari qu'elle doit prendre doit-il être, mon frère, ou pour elle ou pour vous ?

ARGAN.

Il doit être, mon frère, et pour elle et pour moi ; et je veux mettre dans ma famille les gens dont j'ai besoin.

BÉRALDE.

Par cette raison-là, si votre petite était grande vous lui donneriez en mariage un apothicaire.

ARGAN.

Pourquoi non ?

BÉRALDE.

Est-il possible que vous serez toujours embéguiné de vos apothicaires et de vos médecins ; et que vous vouliez être malade en dépit des gens et de la nature ?

ARGAN.

Comment l'entendez-vous, mon frère ?

BÉRALDE.

J'entends, mon frère, que je ne vois point d'homme qui ne soit moins malade que vous, et que je ne demanderais point une meilleure constitution que la vôtre. Une grande marque que vous vous portez bien et que vous avez un corps parfaitement bien composé, c'est qu'avec tous les soins que vous avez pris, vous n'avez pu parvenir encore à gâter la bonté de votre tempérament, et que vous n'êtes point crevé de toutes les médecines qu'on vous a fait prendre.

ARGAN.

Mais savez-vous, mon frère, que c'est cela qui me conserve, et que monsieur Purgon dit que je succomberais s'il était seulement trois jours sans prendre soin de moi ?

BÉRALDE.

Si vous n'y prenez garde il prendra tant de soin de vous qu'il vous enverra dans l'autre monde.

ARGAN.

Mais raisonnons un peu, mon frère. Vous ne croyez donc point à la médecine ?

BÉRALDE.

Non, mon frère ; et je ne vois pas que pour son salut il soit nécessaire d'y croire.

ARGAN.

Quoi ! vous ne tenez pas véritable une chose établie par tout le monde et que tous les siècles ont révérée ?

BÉRALDE.

Bien loin de la tenir véritable, je la trouve, entre nous, une des plus grandes folies qui soit parmi les hommes ; et, à regarder les choses en philosophe, je ne vois point de plus plaisante momerie, je ne vois rien de plus ridicule qu'un homme qui se veut mêler d'en guérir un autre.

ARGAN.

Pourquoi ne voulez-vous pas, mon frère, qu'un homme en puisse guérir un autre ?

BÉRALDE.

Par la raison, mon frère, que les ressorts de notre machine sont des mystères jusqu'ici où les hommes ne voient goutte ; et que la nature nous a mis au-devant des yeux des voiles trop épais pour y connaître quelque chose.

ARGAN.

Les médecins ne savent donc rien, à votre compte ?

BÉRALDE.

Si fait, mon frère, ils savent la plupart de fort belles humanités, savent parler en beau latin, savent nommer en grec toutes les maladies, les définir et les diviser ; mais pour ce qui est de les guérir, c'est ce qu'ils ne savent point du tout.

ARGAN.

Mais toujours faut-il demeurer d'accord que sur cette matière les médecins en savent plus que les autres ?

BÉRALDE.

Ils savent, mon frère, ce que je vous ai dit, qui ne guérit pas de grand'chose ; et toute l'excellence de leur art consiste en un pompeux galimatias, en un spécieux babil qui vous donne des mots pour des raisons, et des promesses pour des effets.

ARGAN.

Mais enfin, mon frère, il y a des gens aussi

sages et aussi habiles que vous; et nous voyons que dans la maladie tout le monde a recours aux médecins.

BÉRALDE.

C'est une marque de la faiblesse humaine, et non pas de la vérité de leur art.

ARGAN.

Mais il faut bien que les médecins croient leur art véritable, puisqu'ils s'en servent pour eux-mêmes.

BÉRALDE.

C'est qu'il y en a parmi eux qui sont eux-mêmes dans l'erreur populaire dont ils profitent, et d'autres qui en profitent sans y être. Votre monsieur Purgon, par exemple, n'y fait point de finesse; c'est un homme tout médecin, depuis la tête jusqu'aux pieds; un homme qui croit à ses règles plus qu'à toutes les démonstrations des mathématiques, et qui croirait du crime à les vouloir examiner; qui ne voit rien d'obscur dans la médecine, rien de douteux, rien de difficile; et qui, avec une impétuosité de prévention, une roideur de confiance, une brutalité de sens commun et de raison, donne au travers des purgations et des saignées, et ne balance aucune chose. Il ne lui faut point vouloir mal de tout ce qu'il pourra vous faire, c'est de la meilleure foi du monde qu'il vous expédiera; et il ne fera en vous tuant que ce qu'il a fait à sa femme et à ses enfants, et ce qu'en un besoin il ferait à lui-même.

ARGAN.

C'est que vous avez, mon frère, une dent de lait contre lui. Mais enfin, venons au fait. Que faire donc quand on est malade?

BÉRALDE.

Rien, mon frère.

ARGAN.

Rien?

BÉRALDE.

Rien: il ne faut que demeurer en repos. La nature d'elle-même, quand nous la laissons faire, se tire doucement du désordre où elle est tombée. C'est notre inquiétude, c'est notre impatience qui gâtent tout; et presque tous les hommes meurent de leurs remèdes et non pas de leurs maladies.

ARGAN.

Mais il faut demeurer d'accord, mon frère, qu'on peut aider cette nature par certaines choses.

BÉRALDE.

Mon Dieu! mon frère, ce sont pures idées dont nous aimons à nous repaître; et de tout temps il s'est glissé parmi les hommes de belles imaginations que nous venons à croire, parce qu'elles nous flattent, et qu'il serait à souhaiter qu'elles fussent véritables. Lorsqu'un médecin vous parle d'aider, de secourir, de soulager la nature, de lui ôter ce qui lui nuit, et lui donner ce qui lui manque, de la rétablir, de la remettre dans une pleine facilité de ses fonctions; lorsqu'il vous parle de rectifier le sang, de tempérer les entrailles et le cerveau, de dégonfler la rate, de raccommoder la poitrine, de réparer le foie, de for-

tifier le cœur, de rétablir et conserver la chaleur naturelle, et d'avoir des secrets pour étendre la vie à de longues années; il vous dit justement le roman de la médecine. Mais quand vous en venez à la vérité et à l'expérience, vous ne trouvez rien de tout cela; et il en est comme de ces beaux songes, qui ne vous laissent au réveil que le déplaisir de les avoir crus.

ARGAN.

C'est-à-dire que toute la science du monde est renfermée dans votre tête, et vous voulez en savoir plus que tous les grands médecins de notre siècle.

BÉRALDE.

Dans les discours et dans les choses, ce sont deux sortes de personnes que vos grands médecins. Entendez-les parler, les plus habiles gens du monde; voyez-les faire, les plus ignorants de tous les hommes.

ARGAN.

Ouais! vous êtes un grand docteur, à ce que je vois; et je voudrais bien qu'il y eût ici quelqu'un de ces messieurs pour rembarrer vos raisonnements et rabaisser votre caquet.

BÉRALDE.

Moi, mon frère, je ne prends point à tâche de combattre la médecine; et chacun à ses périls et fortune peut croire tout ce qu'il lui plaît. Ce que j'en dis n'est qu'entre nous; et j'aurais souhaité de pouvoir un peu vous tirer de l'erreur où vous êtes, et, pour vous divertir, vous mener voir sur ce chapitre quelqu'une des comédies de Molière.

ARGAN.

C'est un bon impertinent que votre Molière avec ses comédies; et je le trouve bien plaisant d'aller jouer d'honnêtes gens comme les médecins.

BÉRALDE.

Ce ne sont point les médecins qu'il joue, mais le ridicule de la médecine.

ARGAN.

C'est bien à lui à faire de se mêler de contrôler la médecine. Voilà un bon nigaud, un bon impertinent, de se moquer des consultations et des ordonnances, et de s'attaquer au corps des médecirs, et d'aller mettre sur son théâtre des personnes vénérables comme ces messieurs-là.

BÉRALDE.

Que voulez-vous qu'il y mette, que les diverses professions des hommes? On y met bien tous les jours les princes et les rois qui sont d'aussi bonne maison que les médecins.

ARGAN.

Par la mort-non-de-diable, si j'étais que des médecins, je me vengerais de son impertinence; et, quand il sera malade, je le laisserais mourir sans secours. Il aurait beau faire et beau dire, je ne lui ordonnerais pas la moindre petite saignée, le moindre petit lavement; et je lui dirais : crève, crève! cela t'apprendra une autre fois à te jouer à la faculté.

BÉRALDE.

Vous voilà bien en colère contre lui.

ARGAN.
Oui : c'est un mal avisé ; et si les médecins sont sages, ils feront ce que je dis.
BÉRALDE.
Il sera donc plus sage que vos médecins ; car il ne leur demandera point de secours.
ARGAN.
Tant pis pour lui s'il n'a point recours aux remèdes.
BÉRALDE.
Il a ses raisons pour n'en point vouloir, et il soutient que cela n'est permis qu'aux gens vigoureux et robustes, et qui ont des forces de reste pour porter les remèdes avec la maladie ; mais que pour lui, il n'a justement de la force que pour porter son mal.
ARGAN.
Les sottes raisons que voilà ! Tenez, mon frère, ne parlons point de cet homme-là davantage ; car cela m'échauffe la bile, et vous me donneriez mon mal.
BÉRALDE.
Je le veux bien, mon frère ; et, pour changer de discours, je vous dirai que, sur une petite répugnance que vous témoigne votre fille, vous ne devez point prendre les résolutions violentes de la mettre dans un couvent ; que pour le choix d'un gendre il ne vous faut pas suivre aveuglément la passion qui vous emporte ; et qu'on doit sur cette matière s'accommoder un peu à l'inclination d'une fille, puisque c'est pour toute la vie, et que de là dépend tout le bonheur d'un mariage.

SCÈNE IV.

M. FLEURANT, *une seringue à la main;* ARGAN, BÉRALDE.

ARGAN.
Ah! mon frère, avec votre permission.
BÉRALDE.
Comment ? que voulez-vous faire ?
ARGAN.
Prendre ce petit lavement-là ; ce sera bientôt fait.
BÉRALDE.
Vous vous moquez. Est-ce que vous ne sauriez être un moment sans lavement ou sans médecine ? Remettez cela à une autre fois, et demeurez un peu en repos.
ARGAN.
Monsieur Fleurant, à ce soir ou à demain au matin.
M. FLEURANT, *à Béralde.*
De quoi vous mêlez-vous, de vous opposer aux ordonnances de la médecine, et d'empêcher monsieur de prendre mon clystère ? Vous êtes bien plaisant d'avoir cette hardiesse-là ?
BÉRALDE.
Allez, monsieur, on voit bien que vous n'êtes pas accoutumé de parler à des visages.

M. FLEURANT.
On ne doit point ainsi se jouer des remèdes et me faire perdre mon temps. Je ne suis venu ici que sur une bonne ordonnance ; et je vais dire à monsieur Purgon comme on m'a empêché d'exécuter ses ordres et de faire ma fonction. Vous verrez, vous verrez...

SCÈNE V.

ARGAN, BÉRALDE.

ARGAN.
Mon frère, vous serez cause ici de quelque malheur.
BÉRALDE.
Le grand malheur de ne pas prendre un lavement que monsieur Purgon a ordonné ! Encore un coup, mon frère, est-il possible qu'il n'y ait pas moyen de vous guérir de la maladie des médecins, et que vous vouliez être toute votre vie enseveli dans leurs remèdes ?
ARGAN.
Mon Dieu ! mon frère, vous en parlez comme un homme qui se porte bien ; mais, si vous étiez à ma place, vous changeriez bien de langage. Il est aisé de parler contre la médecine quand on est en pleine santé.
BÉRALDE.
Mais quel mal avez-vous ?
ARGAN.
Vous me feriez enrager... Je voudrais que vous l'eussiez, mon mal, pour voir si vous jaseriez tant. Ah ! voici monsieur Purgon.

SCÈNE VI.

M. PURGON, ARGAN, BÉRALDE, TOINETTE.

M. PURGON.
Je viens d'apprendre là-bas, à la porte, de jolies nouvelles ! qu'on se moque ici de mes ordonnances, et qu'on a fait refus de prendre le remède que j'avais prescrit.
ARGAN.
Monsieur, ce n'est pas...
M. PURGON.
Voilà une hardiesse bien grande, une étrange rebellion d'un malade contre son médecin.
TOINETTE.
Cela est épouvantable.
M. PURGON.
Un clystère que j'avais pris plaisir à composer moi-même.
ARGAN.
Ce n'est pas moi...
M. PURGON.
Inventé et formé dans toutes les règles de l'art.
TOINETTE.
Il a tort.

M. PURGON.
Et qui devait faire dans les entrailles un effet merveilleux.

ARGAN.
Mon frère !

M. PURGON.
Le renvoyer avec mépris !

ARGAN, *montrant Béralde.*
C'est lui...

M. PURGON.
C'est une action exorbitante !

TOINETTE.
Cela est vrai.

M. PURGON.
Un attentat énorme contre la médecine.

ARGAN, *montrant Béralde.*
Il est cause.

M. PURGON.
Un crime de lèse-faculté qui ne se peut assez punir.

TOINETTE.
Vous avez raison.

M. PURGON.
Je vous déclare que je romps commerce avec vous.

ARGAN.
C'est mon frère.

M. PURGON.
Que je ne veux plus d'alliance avec vous.

TOINETTE.
Vous ferez bien.

M. PURGON.
Et que, pour finir toute liaison avec vous, voilà la donation que je faisais à mon neveu en faveur du mariage.

ARGAN.
C'est mon frère qui a fait tout le mal.

M. PURGON.
Mépriser mon clystère !

ARGAN.
Faites-le venir, je m'en vais le prendre.

M. PURGON.
Je vous aurais tiré d'affaire avant qu'il fût peu.

TOINETTE.
Il ne le mérite pas.

M. PURGON.
J'allais nettoyer votre corps et en évacuer entièrement les mauvaises humeurs.

ARGAN.
Ah ! mon frère !

M. PURGON.
Et je ne voulais plus qu'une douzaine de médecines pour vider le fond du sac.

TOINETTE.
Il est indigne de vos soins.

M. PURGON.
Mais puisque vous n'avez pas voulu guérir par mes mains.

ARGAN.
Ce n'est pas ma faute.

M. PURGON.
Puisque vous vous êtes soustrait de l'obéissance que l'on doit à son médecin.

TOINETTE.
Cela crie vengeance.

M. PURGON.
Puisque vous vous êtes déclaré rebelle aux remèdes que je vous ordonnais.

ARGAN.
Eh ! point du tout.

M. PURGON.
J'ai à vous dire que je vous abandonne à votre mauvaise constitution, à l'intempérie de vos entrailles, à la corruption de votre sang, à l'âcreté de votre bile, et à la féculence de vos humeurs.

TOINETTE.
C'est fort bien fait.

ARGAN.
Mon Dieu !

M. PURGON.
Et je veux qu'avant qu'il soit quatre jours vous deveniez dans un état incurable.

ARGAN.
Ah ! misericorde.

M. PURGON.
Que vous tombiez dans la bradipepsie.

ARGAN.
Monsieur Purgon.

M. PURGON.
De la bradipepsie dans la dispepsie.

ARGAN.
Monsieur Purgon.

M. PURGON.
De la dispepsie dans l'apepsie.

ARGAN.
Monsieur Purgon.

M. PURGON.
De l'apepsie dans la lienterie.

ARGAN.
Monsieur Purgon.

M. PURGON.
De la lienterie dans la dyssenterie.

ARGAN.
Monsieur Purgon.

M. PURGON.
De la dyssenterie dans l'hydropisie.

ARGAN.
Monsieur Purgon.

M. PURGON.
Et de l'hydropisie dans la privation de la vie, où vous aura conduit votre folie.

SCÈNE VII.

ARGAN, BÉRALDE.

ARGAN.
Ah ! mon Dieu ! je suis mort. Mon frère, vous m'avez perdu.

BÉRALDE.
Quoi ? qu'y a-t-il ?

ARGAN.
Je n'en puis plus. Je sens que déjà la médecine se venge.

BÉRALDE.

Ma foi, mon frère, vous êtes fou; et je ne voudrais pas, pour beaucoup de choses, qu'on vous vît faire ce que vous faites. Tâtez-vous un peu, je vous prie, revenez à vous-même, et ne donnez point tant à votre imagination.

ARGAN.

Vous voyez, mon frère, les étranges maladies dont il m'a menacé.

BÉRALDE.

Le simple homme que vous êtes!

ARGAN.

Il dit que je deviendrai incurable avant qu'il soit quatre jours.

BÉRALDE.

Et ce qu'il dit, que fait-il à la chose? Est-ce un oracle qui a parlé? Il semble, à vous entendre, que monsieur Purgon tienne dans ses mains le filet de vos jours; et que, d'autorité suprême, il vous l'allonge et vous le raccourcisse comme il lui plaît. Songez que les principes de votre vie sont en vous-même, et que le courroux de monsieur Purgon est aussi peu capable de vous faire mourir que ses remèdes de vous faire vivre. Voici une aventure, si vous voulez, à vous défaire des médecins; ou, si vous êtes né à ne pouvoir vous en passer, il est aisé d'en avoir un autre avec lequel, mon frère, vous puissiez courir un peu moins de risque.

ARGAN.

Ah! mon frère, il sait tout mon tempérament et la manière dont il faut me gouverner.

BÉRALDE.

Il faut vous avouer que vous êtes un homme d'une grande prévention, et que vous voyez les choses avec d'étranges yeux.

SCÈNE VIII.

ARGAN, BÉRALDE, TOINETTE.

TOINETTE, à *Argan*.

Monsieur, voilà un médecin qui demande à vous voir.

ARGAN.

Et quel médecin?

TOINETTE.

Un médecin de la médecine.

ARGAN.

Je te demande qui il est?

TOINETTE.

Je ne le connais pas, mais il me ressemble comme deux gouttes d'eau; et, si je n'étais sûre que ma mère était honnête femme, je dirais que ce serait quelque petit frère qu'elle m'aurait donné depuis le trépas de mon père.

ARGAN.

Fais-le venir.

SCÈNE IX.

ARGAN, BÉRALDE.

BÉRALDE.

Vous êtes servi à souhait. Un médecin vous quitte, un autre se présente.

ARGAN.

J'ai bien peur que vous ne soyez cause de quelque malheur.

BÉRALDE.

Encore? Vous en revenez toujours là.

ARGAN.

Voyez-vous, j'ai sur le cœur toutes ces maladies-là que je ne connais point, ces...

SCÈNE X.

ARGAN, BÉRALDE, TOINETTE, *en médecin*.

TOINETTE.

Monsieur, agréez que je vienne vous rendre visite et vous offrir mes petits services pour toutes les saignées et les purgations dont vous aurez besoin.

ARGAN.

Monsieur, je vous suis bien obligé. (*A Béralde.*) Par ma foi, voilà Toinette elle-même.

TOINETTE.

Monsieur, je vous prie de m'excuser, j'ai oublié de donner une commission à mon valet, je reviens tout à l'heure.

SCÈNE XI.

ARGAN, BÉRALDE.

ARGAN.

Eh! ne diriez-vous pas que c'est effectivement Toinette?

BÉRALDE.

Il est vrai que la ressemblance est tout à fait grande. Mais ce n'est pas la première fois qu'on a vu de ces sortes de choses, et les histoires ne sont pleines que de ces jeux de la nature.

ARGAN.

Pour moi, j'en suis surpris, et...

SCÈNE XII.

ARGAN, BÉRALDE, TOINETTE.

TOINETTE.

Que voulez-vous, monsieur?

ARGAN.

Comment?

TOINETTE.

Ne m'avez-vous pas appelée?

ARGAN.
Moi? non.

TOINETTE.
Il faut donc que les oreilles m'aient corné.

ARGAN.
Demeure un peu ici pour voir comme ce médecin te ressemble.

TOINETTE.
Oui, vraiment! J'ai affaire là-bas, et je l'ai assez vu.

SCÈNE XIII.
ARGAN, BÉRALDE.

ARGAN.
Si je ne les voyais tous deux, je croirais que ce n'est qu'un.

BÉRALDE.
J'ai lu des choses surprenantes de ces sortes de ressemblances; et nous en avons vu de notre temps où tout le monde s'est trompé.

ARGAN.
Pour moi, j'aurais été trompé à celle-là; et j'aurais juré que c'est la même personne.

SCÈNE XIV.
ARGAN, BÉRALDE, TOINETTE, en *médecin*.

TOINETTE.
Monsieur, je vous demande pardon de tout mon cœur.

ARGAN, *bas, à Béralde*.
Cela est admirable.

TOINETTE.
Vous ne trouverez pas mauvais, s'il vous plaît, la curiosité que j'ai eue de voir un illustre malade comme vous êtes; et votre réputation, qui s'étend partout, peut excuser la liberté que j'ai prise.

ARGAN.
Monsieur, je suis votre serviteur.

TOINETTE.
Je vois, monsieur, que vous me regardez fixement. Quel âge croyez-vous bien que j'aie?

ARGAN.
Je crois que tout au plus vous pouvez avoir vingt-six ou vingt-sept ans.

TOINETTE.
Ha! ha! ha! j'en ai quatre-vingt-dix.

ARGAN.
Quatre-vingt-dix!

TOINETTE.
Oui! vous voyez un effet des secrets de mon art de me conserver ainsi frais et vigoureux.

ARGAN.
Par ma foi, voilà un beau jeune vieillard pour quatre-vingt-dix ans.

TOINETTE.
Je suis médecin passager qui vais de ville en ville, de province en province, de royaume en royaume, pour chercher d'illustres matières à ma capacité, pour trouver des malades dignes de m'occuper, capables d'exercer les grands et beaux secrets que j'ai trouvés dans la médecine. Je dédaigne de m'amuser à ce menus fatras de maladies ordinaires, à ces bagatelles de rhumatismes et de fluxions, à ces fiévrotes, à ces vapeurs et à ces migraines. Je veux des maladies d'importance, de bonnes fièvres continues, avec des transports au cerveau; de bonnes fièvres pourprées, de bonnes pestes, de bonnes hydropisies formées, de bonnes pleurésies avec des inflammations de poitrine; c'est là que je me plais, c'est là que je triomphe; et je voudrais, monsieur, que vous eussiez toutes les maladies que je viens de dire, que vous fussiez abandonné de tous les médecins, désespéré, à l'agonie, pour vous montrer l'excellence de mes remèdes, et l'envie que j'aurais de vous rendre service.

ARGAN.
Je vous suis obligé, monsieur, des bontés que vous avez pour moi.

TOINETTE.
Donnez-moi votre pouls. Allons donc, que l'on batte comme il faut. Ah! je vous ferai bien aller comme vous devez. Ouais! ce pouls-là fait l'impertinent; je vois bien que vous ne me connaissez pas encore. Qui est votre médecin?

ARGAN.
Monsieur Purgon.

TOINETTE.
Cet homme-là n'est point écrit sur mes tablettes entre les grands médecins. De quoi dit-il que vous êtes malade?

ARGAN.
Il dit que c'est du foie, et d'autres disent que c'est de la rate.

TOINETTE.
Ce sont tous des ignorants; c'est du poumon que vous êtes malade.

ARGAN.
Du poumon!

TOINETTE.
Oui. Que sentez-vous?

ARGAN.
Je sens de temps en temps des douleurs de tête.

TOINETTE.
Justement, le poumon.

ARGAN.
Il me semble parfois que j'ai un voile devant les yeux.

TOINETTE.
Le poumon.

ARGAN.
J'ai quelquefois des maux de cœur.

TOINETTE.
Le poumon.

ARGAN.
Je sens parfois des lassitudes par tous le membres.

TOINETTE.

Le poumon.

ARGAN.

Et quelquefois il me prend des douleurs dans le ventre, comme si c'était des coliques.

TOINETTE.

Le poumon. Vous avez appétit à ce que vous mangez?

ARGAN.

Oui, monsieur.

TOINETTE.

Le poumon. Vous aimez à boire un peu de vin?

ARGAN.

Oui, monsieur.

TOINETTE.

Le poumon. Il vous prend un petit sommeil après le repas, et vous êtes bien aise de dormir?

ARGAN.

Oui, monsieur.

TOINETTE.

Le poumon, le poumon, vous dis-je. Que vous ordonne votre médecin pour votre nourriture?

ARGAN.

Il m'ordonne du potage.

TOINETTE.

Ignorant!

ARGAN.

De la volaille.

TOINETTE.

Ignorant!

ARGAN.

Du veau.

TOINETTE.

Ignorant!

ARGAN.

Des bouillons.

TOINETTE.

Ignorant!

ARGAN.

Des œufs frais.

TOINETTE.

Ignorant!

ARGAN.

Et le soir de petits pruneaux pour lâcher le ventre.

TOINETTE.

Ignorant!

ARGAN.

Et surtout de boire mon vin fort trempé.

TOINETTE.

Ignorantus, ignoranta, ignorantum. Il faut boire votre vin pur; et pour épaissir votre sang, qui est trop subtil, il faut manger de bon gros bœuf, de bon gros porc, de bon fromage de Hollande, du gruau et du riz, et des marrons et des oublies pour coller et conglutiner. Votre médecin est une bête. Je veux vous en envoyer un de ma main, et je viendrai vous voir de temps en temps, tandis que je serai en cette ville.

ARGAN.

Vous m'obligerez beaucoup.

TOINETTE.

Que diantre faites-vous de ce bras-là?

ARGAN.

Comment?

TOINETTE.

Voilà un bras que je me ferais couper tout à l'heure, si j'étais que de vous.

ARGAN.

Et pourquoi?

TOINETTE.

Ne voyez-vous pas qu'il tire à soi toute la nourriture, et qu'il empêche ce côté-là de profiter?

ARGAN.

Oui; mais j'ai besoin de mon bras.

TOINETTE.

Vous avez là aussi un œil droit que je me ferais crever si j'étais en votre place.

ARGAN.

Crever un œil?

TOINETTE.

Ne voyez-vous pas qu'il incommode l'autre et lui dérobe sa nourriture? Croyez-moi, faites-vous le crever au plus tôt, vous en verrez plus clair de l'œil gauche.

ARGAN.

Cela n'est pas pressé.

TOINETTE.

Adieu. Je suis fâché de vous quitter si tôt; mais il faut que je me trouve à une grande consultation qui se doit faire pour un homme qui mourut hier.

ARGAN.

Pour un homme qui mourut hier?

TOINETTE.

Oui, pour aviser et voir ce qu'il aurait fallu lui faire pour le guérir. Jusqu'au revoir.

ARGAN.

Vous savez que les malades ne reconduisent point.

SCÈNE XV.

ARGAN, BÉRALDE.

BÉRALDE.

Voilà un médecin vraiment qui paraît fort habile.

ARGAN.

Oui, mais il y va un peu bien vite.

BÉRALDE.

Tous les grands médecins sont comme cela.

ARGAN.

Me couper un bras et me crever un œil, afin que l'autre se porte mieux! J'aime bien mieux qu'il ne se porte pas si bien. La belle opération, de me rendre borgne et manchot!

SCÈNE XVI.

ARGAN, BÉRALDE, TOINETTE.

TOINETTE, *feignant de parler à quelqu'un.*

Allons, allons, je suis votre servante, je n'ai pas envie de rire.

ARGAN.

Qu'est-ce que c'est?

TOINETTE.

Votre médecin, ma foi, qui voulait me tâter le pouls.

ARGAN.

Voyez un peu, à l'âge de quatre-vingt-dix ans!

BÉRALDE.

Oh ça, mon frère, puisque voilà monsieur Purgon brouillé avec vous, ne voulez-vous pas bien que je vous parle du parti qui s'offre pour ma nièce?

ARGAN.

Non, mon frère; je veux la mettre dans un couvent, puisqu'elle s'est opposée à mes volontés. Je vois bien qu'il y a quelque amourette là-dessous; et j'ai découvert certaine entrevue secrète qu'on ne sait pas que j'aie découverte.

BÉRALDE.

Eh bien, mon frère, quand il y aurait quelque petite inclination, cela serait-il si criminel; et rien peut-il vous offenser, quand tout ne va qu'à des choses honnêtes, comme le mariage?

ARGAN.

Quoi qu'il en soit, mon frère, elle sera religieuse, c'est une chose résolue.

BÉRALDE.

Vous voulez faire plaisir à quelqu'un.

ARGAN.

Je vous entends. Vous en revenez toujours là, et ma femme vous tient au cœur.

BÉRALDE.

Eh bien, oui, mon frère, puisqu'il faut parler à cœur ouvert, c'est votre femme que je veux dire; et, non plus que l'entêtement de la médecine, je ne puis vous souffrir l'entêtement où vous êtes pour elle, et voir que vous donniez tête baissée dans tous les piéges qu'elle vous tend.

TOINETTE.

Ah! monsieur, ne parlez point de madame; c'est une femme sur laquelle il n'y a rien à dire; une femme sans artifice, et qui aime monsieur, qui l'aime... on ne peut pas dire cela.

ARGAN.

Demandez-lui un peu les caresses qu'elle me fait.

TOINETTE.

Cela est vrai.

ARGAN.

L'inquiétude que lui donne ma maladie.

TOINETTE.

Assurément.

ARGAN.

Et les soins et les peines qu'elle prend autour de moi.

TOINETTE, à Béralde.

Il est certain. Voulez-vous que je vous convainque et vous fasse voir tout à l'heure comme madame aime monsieur? (A Argan.) Monsieur, souffrez que je lui montre son béjaune et le tire d'erreur.

ARGAN.

Comment?

TOINETTE.

Madame s'en va revenir; mettez-vous tout étendu dans cette chaise, et contrefaites le mort. Vous verrez la douleur où elle sera quand je lui dirai la nouvelle.

ARGAN.

Je le veux bien.

TOINETTE.

Oui; mais ne la laissez pas longtemps dans le désespoir, car elle en pourrait bien mourir.

ARGAN.

Laisse-moi faire.

TOINETTE, à Béralde.

Cachez-vous, vous, dans ce coin-là.

SCÈNE XVII.

ARGAN, TOINETTE.

ARGAN.

N'y a-t-il point quelque danger à contrefaire le mort?

TOINETTE.

Non, non. Quel danger y aurait-il? étendez-vous là seulement; il y aura plaisir à confondre votre frère. Voici madame, tenez-vous bien.

SCÈNE XVIII.

BELINE, ARGAN, étendu dans sa chaise, TOINETTE.

TOINETTE, feignant de ne pas voir Beline.

Ah! mon Dieu! ah! malheur! Quel étrange accident!

BELINE.

Qu'est-ce, Toinette?

TOINETTE.

Ah! madame!

BELINE.

Qu'y a-t-il?

TOINETTE.

Votre mari est mort.

BELINE.

Mon mari est mort?

TOINETTE.

Hélas! oui, la pauvre défunt est trépassé.

BELINE.

Assurément?

TOINETTE.

Assurément. Personne ne sait encore cet accident-là, et je me suis trouvée ici toute seule. Il vient de passer entre mes bras. Tenez, le voilà tout de son long dans cette chaise.

BELINE.

Le ciel en soit loué! Me voilà délivrée d'un grand fardeau. Que tu es sotte, Toinette, de t'affliger de cette mort!

TOINETTE.

Je pensais, madame, qu'il fallût pleurer.

BELINE.

Va, va, cela n'en vaut pas la peine. Quelle perte

est-ce que la sienne, et de quoi servait-il sur la terre? Un homme incommode à tout le monde, malpropre, dégoûtant; sans cesse un lavement ou une médecine dans le ventre; mouchant, toussant, crachant toujours; sans esprit, ennuyeux, de mauvaise humeur, fatiguant sans cesse les gens, et grondant jour et nuit servantes et valets.

TOINETTE.
Voilà une belle oraison funèbre!

BELINE.
Il faut, Toinette, que tu m'aides à exécuter mon dessein; et tu peux croire qu'en me servant ta récompense est sûre. Puisque, par un bonheur, personne n'est encore averti de la chose, portons-le dans son lit, et tenons cette mort cachée jusqu'à ce que j'aie fait mon affaire. Il y a des papiers, il y a de l'argent dont je me veux saisir; et il n'est pas juste que j'aie passé sans fruit, auprès de lui, mes plus belles années. Viens, Toinette; prenons auparavant toutes ses clefs.

ARGAN, *se levant brusquement.*
Doucement.

BELINE.
Ahi!

ARGAN.
Oui, madame ma femme, c'est ainsi que vous m'aimez?

TOINETTE.
Ah! ah! le défunt n'est pas mort!

ARGAN, *à Beline, qui sort.*
Je suis bien aise de voir votre amitié, et d'avoir entendu le beau panégyrique que vous avez fait de moi. Voilà un avis au lecteur qui me rendra sage à l'avenir, et qui m'empêchera de faire bien des choses.

SCÈNE XIX.

BÉRALDE, *sortant de l'endroit où il s'était caché*, ARGAN, TOINETTE.

BÉRALDE.
Eh bien, mon frère, vous le voyez.

TOINETTE.
Par ma foi, je n'aurais jamais cru cela; mais j'entends votre fille, remettez-vous comme vous étiez, et voyons de quelle manière elle recevra votre mort. C'est une chose qu'il n'est pas mauvais d'éprouver; et, puisque vous êtes en train, vous connaîtrez par-là les sentiments que votre famille a pour vous.

Béralde va encore se cacher.

SCÈNE XX.

ARGAN, ANGÉLIQUE, TOINETTE.

TOINETTE, *feignant de ne pas voir Angélique.*
O ciel! Ah! fâcheuse aventure! malheureuse journée!

ANGÉLIQUE.
Qu'as-tu, Toinette, et de quoi pleures-tu?

TOINETTE.
Hélas! j'ai de tristes nouvelles à vous donner.

ANGÉLIQUE.
Eh quoi?

TOINETTE.
Votre père est mort.

ANGÉLIQUE.
Mon père est mort, Toinette?

TOINETTE.
Oui, vous le voyez là; il vient de mourir tout à l'heure d'une faiblesse qui lui a pris.

ANGÉLIQUE.
O ciel! quelle infortune! quelle atteinte cruelle! Hélas! faut-il que je perde mon père, la seule chose qui me restait au monde; et qu'encore, pour un surcroît de désespoir, je le perde dans un moment où il était irrité contre moi! Que deviendrai-je, malheureuse, et quelle consolation trouver après une si grande perte?

SCÈNE XXI.

ARGAN, ANGÉLIQUE, CLÉANTE, TOINETTE.

CLÉANTE.
Qu'avez-vous donc, belle Angélique, et quel malheur pleurez-vous?

ANGÉLIQUE.
Hélas! je pleure tout ce que dans la vie je pouvais perdre de plus cher et de plus précieux. Je pleure la mort de mon père.

CLÉANTE.
O ciel! quel accident! quel coup inopiné! Hélas! après la demande que j'avais conjuré votre oncle de faire pour moi, je venais me présenter à lui; et tâcher par mes respects et par mes prières de disposer son cœur à vous accorder à mes vœux.

ANGÉLIQUE.
Ah! Cléante, ne parlons plus de rien. Laissons là toutes les pensées du mariage. Après la perte de mon père je ne ne veux plus être du monde, et j'y renonce pour jamais. Oui, mon père, si j'ai résisté tantôt à vos volontés, je veux suivre du moins une de vos intentions, et réparer par-là le chagrin que je m'accuse de vous avoir donné. (*Se jetant à ses genoux.*) Souffrez, mon père, que je vous en donne ici ma parole et que je vous embrasse pour vous témoigner mon ressentiment.

ARGAN, *embrassant Angélique.*
Ah! ma fille.

ANGÉLIQUE.
Ahi!

ARGAN.
Viens. N'aie point peur, je ne suis pas mort. Va, tu es mon vrai sang, ma véritable fille, et je suis ravi d'avoir vu ton bon naturel.

SCÈNE XXII.

ARGAN, BÉRALDE, ANGÉLIQUE, CLÉANTE, TOINETTE.

ANGÉLIQUE.
Ah! quelle surprise agréable! Mon père, puis-

que, par un bonheur extrême, le ciel vous redonne à mes vœux, souffrez qu'ici je me jette à vos pieds pour vous supplier d'une chose. Si vous n'êtes pas favorable au penchant de mon cœur, si vous me refusez Cléante pour époux, je vous conjure au moins de ne me point forcer d'en épouser un autre ; c'est toute la grâce que je vous demande.

CLÉANTE, *se jetant aux genoux d'Argan.*

Eh ! monsieur, laissez-vous toucher à ses prières et aux miennes ; et ne vous montrez point contraire aux mutuels empressements d'une si belle inclination.

BÉRALDE.

Mon frère, pouvez-vous tenir là contre ?

TOINETTE.

Monsieur, seriez-vous insensible à tant d'amour ?

ARGAN.

Qu'il se fasse médecin, je consens au mariage. (*A Cléante.*) Oui, faites-vous médecin, je vous donne ma fille.

CLÉANTE.

Très-volontiers, monsieur. S'il ne tient qu'à cela pour être votre gendre, je me ferai médecin, apothicaire même, si vous voulez. Ce n'est pas une affaire que cela, et je ferais bien d'autres choses pour obtenir la belle Angélique.

BÉRALDE.

Mais, mon frère, il me vient une pensée ; faites-vous médecin vous-même. La commodité sera encore plus grande d'avoir en vous tout ce qu'il vous faut.

TOINETTE.

Cela est vrai ; voilà le vrai moyen de vous guérir bientôt, et il n'y a point de maladie si osée que de se jouer à la personne d'un médecin.

ARGAN.

Je pense, mon frère, que vous vous moquez de moi. Est-ce que je suis en âge d'étudier ?

BÉRALDE.

Bon ! étudier ; vous êtes assez savant, et il y en a beaucoup parmi eux qui ne sont pas plus habiles que vous.

ARGAN.

Mais il faut savoir bien parler latin, connaître les maladies et les remèdes qu'il y faut faire.

BÉRALDE.

En recevant la robe et le bonnet de médecin, vous apprendrez tout cela, et vous serez après plus habile que vous ne voudrez.

ARGAN.

Quoi ! l'on sait discourir sur les maladies quand on a cet habit-là ?

BÉRALDE.

Oui, l'on n'a qu'à parler avec une robe et un bonnet, tout galimathias devient savant, et toute sottise devient raison.

TOINETTE.

Tenez, monsieur, quand il n'y aurait que votre barbe, c'est déjà beaucoup, et la barbe fait plus de la moitié d'un médecin.

CLÉANTE.

En tout cas, je suis prêt à tout.

BÉRALDE, *à Argan.*

Voulez-vous que l'affaire se fasse tout à l'heure ?

ARGAN.

Comment ! tout à l'heure ?

BÉRALDE.

Oui, et dans votre maison.

ARGAN.

Dans ma maison ?

BÉRALDE.

Oui ; je connais une faculté de mes amies qui viendra tout à l'heure en faire la cérémonie dans votre salle. Cela ne vous coûtera rien.

ARGAN.

Mais, moi, que dire, que répondre ?

BÉRALDE.

On vous instruira en deux mots, et l'on vous donnera par écrit ce que vous devez dire. Allez-vous-en vous mettre en habit décent, je vais les envoyer quérir.

ARGAN.

Allons, voyons cela.

SCÈNE XXIII.

BÉRALDE, ANGÉLIQUE, CLÉANTE, TOINETTE.

CLÉANTE.

Que voulez-vous dire, et qu'entendez-vous avec cette faculté de vos amies ?

TOINETTE.

Quel est donc votre dessein ?

BÉRALDE.

De nous divertir un peu ce soir. Les comédiens ont fait un petit intermède de la réception d'un médecin, avec des danses et de la musique ; je veux que nous en prenions ensemble le divertissement, et que mon frère y fasse le premier personnage.

ANGÉLIQUE.

Mais, mon oncle, il me semble que vous vous jouez un peu beaucoup de mon père.

BÉRALDE.

Mais, ma nièce, ce n'est pas tant le jouer que s'accommoder à ses fantaisies. Tout ceci n'est qu'entre nous. Nous y pouvons aussi prendre chacun un personnage, et nous donner ainsi la comédie les uns aux autres ; le carnaval autorise cela. Allons vite préparer toutes choses.

CLÉANTE, *à Angélique.*

Y consentez-vous ?

ANGÉLIQUE.

Oui, puisque mon oncle nous conduit.

FIN DU TROISIÈME ACTE.

INTERMÈDE.

Iʳᵉ ENTRÉE DE BALLET.

Des tapissiers viennent, en dansant, préparer la salle, et placer les bancs en cadence.

IIᵉ ENTRÉE DE BALLET.

Marche de la faculté de médecine, au son des instruments. Les porte-seringues représentent les massiers, entrent les premiers. Après eux, viennent, deux à deux, les apothicaires avec des mortiers, les chirurgiens et les docteurs qui vont se placer aux deux côtés du théâtre. Le président monte dans une chaire qui est au milieu; et Argan, qui doit être reçu docteur, se place dans une chaire plus petite, qui est au-devant de celle du président.

LE PRÉSIDENT.

Savantissimi doctores,
Medicinæ professores,
Qui hîc assemblati estis,
Et vos altri messiores,
Sententiarum facultatis
Fideles executores,
Chirurgiani et apothicari,
Atque tota compagnia aussi,
Salus, honor, et argentum,
Atque bonum appetitum.
Non possum, docti confreri,
En moi satis admirari,
Qualis bona inventio,
Est medici professio;
Quam bella chosa est, et benè trovata,
Medicina illa benedicta,
Quæ, suo nomine solo,
Surprenanti miraculo,
Depuis si longo tempore,
Facit à gogo vivere
Tant de gens omni genere.
Per totam terram videmus
Grandam vogam ubi sumus;
Et quod grandes et petiti
Sunt de nobis infatuti.
Totus mundus currens ad nostros remedios,
Nos regardat sicut Deos;
Et nostris ordonnanciis
Principes et reges soumissos videtis.

Doncque il est nostræ sapientiæ,
Boni sensus atque prudentiæ,
De fortement travaillare
A nos benè conservare
In tali credito, voga et honore;
Et prendere gardam à non recevere,
In nostro docto corpore,
Quam personas capabiles
Et totas dignas remplire
Has plaças honorabiles.

C'est pour cela que nunc convocati estis,
Et credo quod trovabitis
Dignam materiam medici
In savanti homine que voici;
Lequel, in chosis omnibus,
Dono ad interrogandum,
Et à fond examinandum
Vestris capacitatibus.

PREMIER DOCTEUR.

Si mihi licentiam dat dominus præses,
Et tanti docti doctores,
Et assistantes illustres,
Très-savanti bacheliero
Quem estimo et honoro,
Domandabo causam et rationem, quare
Opium facit dormire.

ARGAN.

Mihi à docto doctore
Domandatur causam et rationem, quare
Opium facit dormire.
A quoi respondeo,
Quia est in eo
Virtus dormitiva,
Cujus est natura
Sensus assoupire.

CHOEUR.

Bene, bene, bene, bene respondere,
Dignus, dignus est intrare
In nostro docto corpore.
Bene, bene respondere.

SECOND DOCTEUR.

Cum permissione domini præsidis,
Doctissimæ facultatis,
Et totius his nostris actis
Compagniæ assistantis,
Domandabo tibi, docte bacheliere,
Quæ sunt remedia,
Quæ in maladiâ
Dite hydropisia
Convenit facere?

ARGAN.

Clysterium donare,
Posteà seignare,
Ensuita purgare.

CHOEUR.

Bene, bene, bene, bene respondere
Dignus, dignus est intrare
In nostro docto corpore.

TROISIÈME DOCTEUR.

Si bonum semblatur domino præsidi,
Doctissimæ facultati,

Et compagniæ præsenti,
Domandabo tibi, docte bacheliere,
Quæ remedia heticis,
Pulmonicis atque asmaticis
Trovas à propos facere?

ARGAN.

Clysterium donare,
Posteà seignare,
Ensuita purgare.

CHOEUR.

Bene, bene, bene, bene respondere;
Dignus, dignus est intrare
In nostro docto corpore.

QUATRIÈME DOCTEUR.

Super illas maladias,
Doctus bachelierus dixit maravillas;
Mais si non ennuyo dominum præsidem,
Doctissimam facultatem,
Et totam honorabilem
Compagniam écoutantem;
Faciam illi unam quæstionem.
Dès hiero maladus unus
Tombavit in meas manus;
Habet grandum fievram cum redoublamentis,
Grandam dolorem capitis,
Et grandum malum au côté,
Cum granda difficultate,
Et penà respirare.
Veillas mihi dire,
Docte bacheliere,
Quid illi facere?

ARGAN.

Clysterium donare,
Posteà seignare,
Ensuita purgare.

CINQUIÈME DOCTEUR.

Mais si maladia
Opiniatria
Non vult se garire,
Quid illi facere?

ARGAN.

Clysterium donare,
Posteà seignare,
Ensuita purgare;
Reseignare, repurgare, et reclysterisare.

CHOEUR.

Bene, bene, bene, bene respondere;
Dignus, dignus est intrare
In nostro docto corpore.

LE PRÉSIDENT, *à Argan.*

Juras gardare statuta
Per facultatem præscripta,
Cum sensu et jugeamento?

ARGAN.

Jure.

LE PRÉSIDENT.

Essere in omnibus
Consultationibus
Ancieni aviso;
Aut bono,
Aut mauvaiso?

ARGAN.

Juro.

LE PRÉSIDENT.

De non jamais te servire
De remediis aucunis,
Quam de ceux seulement doctæ facultatis;
Maladus dût-il crevare
Et mori de suo malo?

ARGAN.

Juro.

LE PRÉSIDENT.

Ego, cum isto boneto
Venerabili et docto,
Dono tibi et concedo
Virtutem et puissanciam
Medicandi,
Purgandi,
Seignandi,
Perçandi,
Taillandi,
Coupandi,
Et occidendi,
Impunè per totam terram.

IIIᵉ ENTRÉE DE BALLET.

Les chirurgiens et les apothicaires viennent faire la révérence en cadence à Argan.

ARGAN.

Grandes doctores doctrinæ,
De la rhubarbe et du sené;
Ce serait sans douta à moi chosa folla,
Inepta et ridicula,
Si j'alloibam m'engageare
Vobis louangeas donare,
Et entreprenoibam adjoutare
Des lumieras au soleilo,
Et des étoilas au cielo,
Des ondas à l'oceano,
Et des rosas au printanno.
Agreate qu'avec uno mòto
Pro toto remercimento
Randam gratiam corpori tam docto.
Vobis, vobis debeo
Bien plus qu'à naturæ, et qu'à patrie meo.
Natura et pater meus
Hominem me habent factum;
Mais vos me, ce qui est bien plus,
Avetis factum medicum,
Honor, favor, et gratia.
Qui in hoc corde que voilà,
Imprimant resentimenta
Qui dureront in sæcula.

CHOEUR.

Vivat, vivat, vivat, vivat, cent fois vivat,
Novus doctor, qui tam benè parlat,
Mille, mille annis, et manget, et bibat,
Et seignet, et tuat.

IV ENTRÉE DE BALLET.

Tous les chirurgiens et les apothicaires dansent au son des instruments, des voix, des battements de mains et des mortiers d'apothicaires.

PREMIER CHIRURGIEN.

Puisse-t-il voir doctas
Suas ordonnancias,
Omnium chirurgorum,
Et apothicarum
Remplire boutiquas.

CHOEUR.

Vivat, vivat, vivat, vivat, cent fois vivat,
Novus doctor, qui tam benè parlat,
Mille, mille annis, et manget, et bibat,
Et seignet, et tuat.

SECOND CHIRURGIEN.

Puisse toti anni
Lui essere boni
Et favorabiles,

Et n'habere jamais
Quam pestas, verolas,
Fievras, pleuresias,
Fluxus de sang et dissenterias.

CHOEUR.

Vivat, vivat, vivat, vivat, cent fois vivat;
Novus doctor, qui tam benè parlat,
Mille, mille annis, et manget, et bibat,
Et seignet, et tuat.

Ve ENTRÉE DE BALLET.

Pendant que le dernier chœur se chante, les médecins les chirurgiens et les apothicaires sortent tous selon leur rang, en cérémonie, comme ils sont entrés.

FIN.

Imprimerie de Mme Ve DONDEY-DUPRÉ, rue Saint-Louis, 46, au Marais.

CHEFS-D'ŒUVRE DU THÉATRE FRANÇAIS.

Pièces en vente :

(PRIX 40 C.)

CORNEILLE.	RACINE.	VOLTAIRE.
Le Cid.	Andromaque.	Mahomet.
Cinna.	Athalie.	Mérope.
Les Horaces.	Britannicus.	La Mort de César.
MOLIÈRE.	Phèdre.	Zaïre.
Le Misanthrope.	Les Plaideurs.	
Le Tartufe.	BEAUMARCHAIS.	DUCIS.
Le Dépit amoureux.	Le Barbier de Séville.	Othello.
L'École des Femmes.	Le Mariage de Figaro.	Hamlet.
L'Avare.	La Mère coupable.	

LE MALADE IMAGINAIRE, comédie en 3 actes et en prose, de MOLIÈRE.

Sous presse :

IPHIGÉNIE EN AULIDE, tragédie en 5 actes, de RACINE.
POLYEUCTE, tragédie en 5 actes, de CORNEILLE.
LES FOLIES AMOUREUSES, comédie en 3 actes, de REGNARD.
TURCARET, comédie en 5 actes, de LESAGE.
LES FAUSSES CONFIDENCES, comédie en 3 actes, de MARIVAUX.
MITHRIDATE, tragédie en 5 actes, de RACINE.
LES FEMMES SAVANTES, comédie en 5 actes, de MOLIÈRE.
LE LÉGATAIRE UNIVERSEL, comédie en 5 actes, de REGNARD.
LA MÉTROMANIE, comédie en 5 actes et en vers, de PIRON.

Imprimerie de Mme Ve DONDEY-DUPRÉ, rue Saint-Louis, 46, au Marais.

www.ingramcontent.com/pod-product-compliance
Lightning Source LLC
Chambersburg PA
CBHW060718050426
42451CB00010B/1512